CAZAQUE
VOCABULÁRIO

PALAVRAS MAIS ÚTEIS

PORTUGUÊS
CAZAQUE

Para alargar o seu léxico e apurar
as suas competências linguísticas

3000 palavras

Vocabulário Português-Cazaque - 3000 palavras

Por Andrey Taranov

Os vocabulários da T&P Books destinam-se a ajudar a aprender, a memorizar, e a rever palavras estrangeiras. O dicionário é dividido em temas, cobrindo todas as principais esferas de atividades quotidianas, negócios, ciência, cultura, etc.

O processo de aprendizagem, utilizando os dicionários baseados em temáticas da T&P Books dá-lhe as seguintes vantagens:

- Informação de origem corretamente agrupada predetermina o sucesso em fases subsequentes da memorização de palavras
- Disponibilização de palavras derivadas da mesma raiz, o que permite a memorização de unidades de texto (em vez de palavras separadas)
- Pequenas unidades de palavras facilitam o processo de estabelecimento de vínculos associativos necessários para a consolidação do vocabulário
- O nível de conhecimento da língua pode ser estimado pelo número de palavras aprendidas

T&P Books Publishing
www.tpbooks.com

ISBN: 978-1-78400-954-0

Este livro também está disponível em formato E-book.
Por favor visite www.tpbooks.com ou as principais livrarias on-line.

VOCABULÁRIO CAZAQUE
palavras mais úteis

Os vocabulários da T&P Books destinam-se a ajudar a aprender, a memorizar, e a rever palavras estrangeiras. O vocabulário contém mais de 3000 palavras de uso comum organizadas tematicamente.

O vocabulário contém as palavras mais comummente usadas
Recomendado como adicional para qualquer curso de línguas
Satisfaz as necessidades dos iniciados e dos alunos avançados de línguas estrangeiras
Conveniente para o uso diário, sessões de revisão e atividades de auto-teste
Permite avaliar o seu vocabulário

Características especias do vocabulário

- As palavras estão organizadas de acordo com o seu significado, e não por ordem alfabética
- As palavras são apresentadas em três colunas para facilitar os processos de revisão e auto-teste
- As palavras compostas são divididas em pequenos blocos para facilitar o processo de aprendizagem
- O vocabulário oferece uma transcrição simples e adequada de cada palavra estrangeira

O vocabulário contém 101 tópicos incluindo:

Conceitos básicos, Números, Cores, Meses, Estações do ano, Unidades de medida, Roupas & Acessórios, Alimentos & Nutrição, Restaurante, Membros da Família, Parentes, Caráter, Sentimentos, Emoções, Doenças, Cidade, Passeios, Compras, Dinheiro, Casa, Lar, Escritório, Trabalho no Escritório, Importação & Exportação, Marketing, Pesquisa de Emprego, Desportos, Educação, Computador, Internet, Ferramentas, Natureza, Países, Nacionalidades e muito mais …

TABELA DE CONTEÚDOS

GUIA DE PRONUNCIAÇÃO

Alfabeto fonético T&P	Exemplo Cazaque	Exemplo Português
[a]	танауы [tanawi]	chamar
[e]	лейтенант [lejtenant]	metal
[ɛ]	экран [ɛkran]	mesquita
[i]	сөндіру [søndiru]	sinónimo
[ɪ]	принцип [prɪnʦɪp]	sinónimo
[ɨ]	айқындық [ajqɨndɨq]	sinónimo
[o]	жолбарыс [ʒolbarɨs]	lobo
[u]	құыру [quiru]	bonita
[ʉ]	жүгері [ʒʉgerɪ]	nacional
[ʊ]	қаламұш [qalamʊʃ]	bonita
[ø]	актер [aktør]	orgulhoso
[æ]	әзірлеу [æzirleu]	semana
[ju]	сарғаю [sarɣaju]	nacional
[ja]	саяхат [sajahat]	Himalaias
[b]	баяндау [bajandau]	barril
[d]	құндыз [qundiz]	dentista
[ʤ]	джинсы [ʤɪnsi]	adjetivo
[f]	ферма [ferma]	safári
[g]	үлгіші [ʉlgiʃi]	gosto
[ɣ]	жағдай [ʒaɣdaj]	agora
[ʒ]	қажетті [qaʒetti]	talvez
[j]	өгей ана [øgej ana]	géiser
[h]	халық [haliq]	[h] aspirada
[k]	кілегей [kilegej]	kiwi
[l]	либерал [lɪberal]	libra
[m]	көмектесу [kømektesu]	magnólia
[n]	неміс [nemis]	natureza
[ŋ]	қаңтар [qaŋtar]	alcançar
[p]	пайдалы [pajdali]	presente
[q]	қақпақ [qaqpaq]	teckel
[r]	реттелім [rettelim]	riscar
[s]	саңырау [saŋirau]	sanita
[ʃ]	сиқыршы [sɪqɪrʃi]	mês
[ɕ]	тұщы [tʊɕi]	shiatsu
[t]	тақтайша [taqtajʃa]	tulipa
[ʦ]	инфляция [ɪnfljaʦɪja]	tsé-tsé
[ʧ]	чемпион [ʧempiɔn]	Tchau!
[v]	вольт [volˈt]	fava

Alfabeto fonético T&P	Exemplo Cazaque	Exemplo Português
[z]	заңгер [zaŋger]	sésamo
[w]	бауыр [bawïr]	bonita
[ʔ]	компьютер [kɔmpʲuter]	sinal suave

ABREVIATURAS
usadas no vocabulário

Abreviaturas do Português

adj	-	adjetivo
adv	-	advérbio
anim.	-	animado
conj.	-	conjunção
desp.	-	desporto
etc.	-	etecetra
ex.	-	por exemplo
f	-	nome feminino
f pl	-	feminino plural
fem.	-	feminino
inanim.	-	inanimado
m	-	nome masculino
m pl	-	masculino plural
m, f	-	masculino, feminino
masc.	-	masculino
mat.	-	matemática
mil.	-	militar
pl	-	plural
prep.	-	preposição
pron.	-	pronome
sb.	-	sobre
sing.	-	singular
v aux	-	verbo auxiliar
vi	-	verbo intransitivo
vi, vt	-	verbo intransitivo, transitivo
vr	-	verbo reflexivo
vt	-	verbo transitivo

CONCEITOS BÁSICOS

1. Pronomes

eu	мен	[men]
tu	сен	[sen]
ele, ela	ол	[ol]
nós	біз	[biz]
vocês	сендер	[sender]
eles, elas	олар	[olar]

2. Cumprimentos. Saudações

Olá!	Сәлем!	[sælem]
Bom dia! (formal)	Сәлеметсіз бе?	[sælemetsiz be]
Bom dia! (de manhã)	Қайырлы таң!	[qajirli taŋ]
Boa tarde!	Қайырлы күн!	[qajirli kʉn]
Boa noite!	Қайырлы кеш!	[qajirli keʃ]
cumprimentar (vt)	сәлемдесу	[sælemdesu]
Olá!	Сәлем!	[sælem]
saudação (f)	сәлем	[sælem]
saudar (vt)	амандасу	[amandasu]
Como vai?	Қалыңыз қалай?	[qaliŋiz qalaj]
Como vais?	Қалың қалай?	[qaliŋ qalaj]
O que há de novo?	Не жаңалық бар?	[ne ʒaŋaliq bar]
Adeus! (formal)	Сау болыңыз!	[sau boliŋiz]
Até à vista! (informal)	Сау бол!	[sau bol]
Até breve!	Келесі кездескенше!	[kelesi kezdeskenʃæ]
Adeus! (sing.)	Қош!	[qoʃ]
Adeus! (pl)	Сау болыңыз!	[sau boliŋiz]
despedir-se (vr)	қоштасу	[qoʃtasu]
Até logo!	Әзір!	[æzir]
Obrigado! -a!	Рахмет!	[rahmet]
Muito obrigado! -a!	Үлкен рахмет!	[ʉlken rahmet]
De nada	Мархабат	[marhabat]
Não tem de quê	Мархабат түк емес	[marhabat tʉk emes]
De nada	Түк емес	[tʉk emes]
Desculpa!	Кешір!	[keʃir]
Desculpe!	Кешіріңіз!	[keʃiriŋiz]
desculpar (vt)	кешіру	[keʃiru]
desculpar-se (vr)	кешірім сұрау	[keʃirim surau]
As minhas desculpas	Кешірім сұраймын	[keʃirim surajmin]

Desculpe!	Кешіріңіз!	[keʃiriŋiz]
perdoar (vt)	кешіру	[keʃiru]
Não faz mal	Оқасы жоқ	[oqasɨ ʒoq]
por favor	өтінемін	[øtinemin]

Não se esqueça!	Ұмытпаңызшы!	[ʊmitpaŋizʃi]
Certamente! Claro!	Әрине!	[ærɪne]
Claro que não!	Әрине жоқ!	[ærɪne ʒoq]
Está bem! De acordo!	Келісемін!	[kelisemin]
Basta!	Болды!	[boldɨ]

3. Questões

Quem?	Кім?	[kim]
Que?	Не?	[ne]
Onde?	Қайда?	[qajda]
Para onde?	Қайда?	[qajda]
De onde?	Қайдан?	[qajdan]
Quando?	Қашан?	[qaʃan]
Para quê?	Неге?	[nege]
Porquê?	Неге?	[nege]

Para quê?	Не үшін?	[ne ʉʃin]
Como?	Қалай?	[qalaj]
Qual?	Қандай?	[qandaj]
Qual? (entre dois ou mais)	Нешінші?	[neʃinʃi]

A quem?	Кімге?	[kimge]
Sobre quem?	Кім туралы?	[kim turalɨ]
Do quê?	Не жөнінде?	[ne ʒøninde]
Com quem?	Кіммен?	[kimmen]

Quantos? -as?	Қанша?	[qanʃa]
Quanto?	Неше?	[neʃæ]
De quem? (masc.)	Кімнің?	[kimniŋ]

4. Preposições

com (prep.)	бірге	[birge]
sem (prep.)	онсыз	[onsiz]
a, para (exprime lugar)	-да, -де, -та, -те	[da], [de], [ta], [te]
sobre (ex. falar ~)	туралы	[turalɨ]
antes de ...	алдында	[aldɨnda]
diante de ...	алдында	[aldɨnda]

sob (debaixo de)	астында	[astɨnda]
sobre (em cima de)	үстінде	[ʉstinde]
sobre (~ a mesa)	үстінде	[ʉstinde]
de (vir ~ Lisboa)	-дан, -ден, -тан, -тен	[dan], [den], [tan], [ten]
de (feito ~ pedra)	-дан, -ден, -тан, -тен	[dan], [den], [tan], [ten]
dentro de (~ dez minutos)	кейін, соң	[kejin], [soŋ]
por cima de ...	кейін, соң	[kejin], [soŋ]

5. Palavras funcionais. Advérbios. Parte 1

Onde?	Қайда?	[qajda]
aqui	осында	[osïnda]
lá, ali	онда	[onda]
em algum lugar	әлдеқайда	[ældeqajda]
em lugar nenhum	еш жерде	[eʃ ʒerde]
ao pé de …	қасында	[qasïnda]
ao pé da janela	терезенің қасында	[terezeniŋ qasïnda]
Para onde?	Қайда?	[qajda]
para cá	мұнда	[mʊnda]
para lá	онда	[onda]
daqui	осы жерден	[osï ʒerdeŋ]
de lá, dali	ол жақтан	[ol ʒaqtan]
perto	жақын	[ʒaqïn]
longe	алыс	[alïs]
perto de …	қасында	[qasïnda]
ao lado de	жақын	[ʒaqïn]
perto, não fica longe	алыс емес	[alïs emes]
esquerdo	сол	[sol]
à esquerda	сол жақтан	[sol ʒaqtan]
para esquerda	солға	[solɣa]
direito	оң	[oŋ]
à direita	оң жақтан	[oŋ ʒaqtan]
para direita	оңға	[oŋɣa]
à frente	алдынан	[aldïnan]
da frente	алдыңғы	[aldïŋɣï]
em frente (para a frente)	алға	[alɣa]
atrás de …	артынан	[artïnan]
por detrás (vir ~)	артынан	[artïnan]
para trás	кейін	[kejin]
meio (m), metade (f)	орта	[orta]
no meio	ортасында	[ortasïnda]
de lado	бір бүйірден	[bir bʉjirden]
em todo lugar	барлық жерде	[barlïq ʒerde]
ao redor (olhar ~)	айнала	[ajnala]
de dentro	іштен	[iʃten]
para algum lugar	әлдеқайда	[ældeqajda]
diretamente	тура	[tura]
de volta	кері	[keri]
de algum lugar	қайдан болсада	[qajdan bolsada]
de um lugar	қайдан болсада	[qajdan bolsada]

em primeiro lugar	біріншіден	[birinʃiden]
em segundo lugar	екіншіден	[ekinʃiden]
em terceiro lugar	үшіншіден	[ʉʃinʃiden]

de repente	кенет	[kenet]
no início	басында	[basɨnda]
pela primeira vez	алғаш	[alɣaʃ]
muito antes de ...	көп бұрын ...	[køp bʉrin]
de novo, novamente	жаңадан	[ʒaŋadan]
para sempre	мәңгі-бақи	[mæŋgi baqɨ]

nunca	еш уақытта	[eʃ waqitta]
de novo	тағы	[taɣɨ]
agora	енді	[endi]
frequentemente	жиі	[ʒɪi]
então	сол кезде	[sol kezde]
urgentemente	жедел	[ʒedel]
usualmente	әдетте	[ædette]

a propósito, ...	айтпақшы	[ajtpaqʃi]
é possível	мүмкін	[mʉmkin]
provavelmente	мүмкін	[mʉmkin]
talvez	мүмкін	[mʉmkin]
além disso, ...	одан басқа ...	[odan basqa]
por isso ...	сондықтан	[sondiqtan]
apesar de ...	қарамастан ...	[qaramastan]
graças a ...	арқасында ...	[arqasinda]

que (pron.)	не	[ne]
que (conj.)	не	[ne]
algo	осы	[osɨ]
alguma coisa	бір нәрсе	[bir nærse]
nada	ештеңе	[eʃteŋe]

quem	кім	[kim]
alguém (~ teve uma ideia ...)	кейбіреу	[kejbireu]
alguém	біреу	[bireu]

ninguém	ешкім	[eʃkim]
para lugar nenhum	ешқайда	[eʃqajda]
de ninguém	ешкімнің	[eʃkimniŋ]
de alguém	біреудің	[bireudiŋ]

tão	солай	[solaj]
também (gostaria ~ de ...)	дәл осындай	[dæl osindaj]
também (~ eu)	да, де	[da], [de]

6. Palavras funcionais. Advérbios. Parte 2

Porquê?	Неге?	[nege]
por alguma razão	неге екені белгісіз	[nege ekeni belgisiz]
porque ...	өйткені ...	[øjtkeni]
por qualquer razão	бірдеңеге	[birdeŋege]
e (tu ~ eu)	және	[ʒæne]

ou (ser ~ não ser)	немесе	[nemese]
mas (porém)	бірақ	[biraq]
para (~ a minha mãe)	үшін	[ʉʃin]

demasiado, muito	тым	[tim]
só, somente	тек қана	[tek qana]
exatamente	дәл	[dæl]
cerca de (~ 10 kg)	жуық	[ʒuiq]

aproximadamente	шамамен	[ʃamamen]
aproximado	шамасында	[ʃamasinda]
quase	дерлік	[derlik]
resto (m)	қалғаны	[qalɣani]

cada	әр	[ær]
qualquer	әрбіреу	[ærbireu]
muito	көп	[køp]
muitas pessoas	көптеген	[køptegen]
todos	бүкіл	[bʉkil]

em troca de …	айырбастау …	[ajirbastau]
em troca	орнына	[ornina]
à mão	қолмен	[qolmen]
pouco provável	күдікті	[kʉdikti]

provavelmente	сірә	[siræ]
de propósito	әдейі	[ædeji]
por acidente	кездейсоқ	[kezdejsoq]

muito	өте	[øte]
por exemplo	мысалы	[misali]
entre	арасында	[arasinda]
entre (no meio de)	арасында	[arasinda]
tanto	мұнша	[munʃa]
especialmente	әсіресе	[æsirese]

NÚMEROS. DIVERSOS

7. Números cardinais. Parte 1

zero	нөл	[nøl]
um	бір	[bir]
dois	екі	[eki]
três	үш	[ʉʃ]
quatro	төрт	[tørt]
cinco	бес	[bes]
seis	алты	[alti]
sete	жеті	[ʒeti]
oito	сегіз	[segiz]
nove	тоғыз	[toɣiz]
dez	он	[on]
onze	он бір	[on bir]
doze	он екі	[on eki]
treze	он үш	[on ʉʃ]
catorze	он төрт	[on tørt]
quinze	он бес	[on bes]
dezasseis	он алты	[on alti]
dezassete	он жеті	[on ʒeti]
dezoito	он сегіз	[on segiz]
dezanove	он тоғыз	[on toɣiz]
vinte	жиырма	[ʒɪïrma]
vinte e um	жиырма бір	[ʒɪïrma bir]
vinte e dois	жиырма екі	[ʒɪïrma eki]
vinte e três	жиырма үш	[ʒɪïrma ʉʃ]
trinta	отыз	[otiz]
trinta e um	отыз бір	[otiz bir]
trinta e dois	отыз екі	[otiz eki]
trinta e três	отыз үш	[otiz ʉʃ]
quarenta	қырық	[qiriq]
quarenta e um	қырық бір	[qiriq bir]
quarenta e dois	қырық екі	[qiriq eki]
quarenta e três	қырық үш	[qiriq ʉʃ]
cinquenta	елу	[elʉ]
cinquenta e um	елу бір	[elʉ bir]
cinquenta e dois	елу екі	[elʉ eki]
cinquenta e três	елу үш	[elʉ ʉʃ]
sessenta	алпыс	[alpis]
sessenta e um	алпыс бір	[alpis bir]

| sessenta e dois | алпыс екі | [alpis eki] |
| sessenta e três | алпыс үш | [alpis ʉʃ] |

setenta	жетпіс	[ʒetpis]
setenta e um	жетпіс бір	[ʒetpis bir]
setenta e dois	жетпіс екі	[ʒetpis eki]
setenta e três	жетпіс үш	[ʒetpis ʉʃ]

oitenta	сексен	[seksen]
oitenta e um	сексен бір	[seksen bir]
oitenta e dois	сексен екі	[seksen eki]
oitenta e três	сексен үш	[seksen ʉʃ]

noventa	тоқсан	[toqsan]
noventa e um	тоқсан бір	[toqsan bir]
noventa e dois	тоқсан екі	[toqsan eki]
noventa e três	тоқсан үш	[toqsan ʉʃ]

8. Números cardinais. Parte 2

cem	жүз	[ʒʉz]
duzentos	екі жүз	[eki ʒʉz]
trezentos	үш жүз	[ʉʃ ʒʉz]
quatrocentos	төрт жүз	[tørt ʒʉz]
quinhentos	бес жүз	[bes ʒʉz]

seiscentos	алты жүз	[altɨ ʒʉz]
setecentos	жеті жүз	[ʒeti ʒʉz]
oitocentos	сегіз жүз	[segiz ʒʉz]
novecentos	тоғыз жүз	[toɣɨz ʒʉz]

mil	мың	[mɨŋ]
dois mil	екі мың	[eki mɨŋ]
De quem são ...?	үш мың	[ʉʃ mɨŋ]
dez mil	он мың	[on mɨŋ]
cem mil	жүз мың	[ʒʉz mɨŋ]
um milhão	миллион	[mɪllion]
mil milhões	миллиард	[mɪlliard]

9. Números ordinais

primeiro	бірінші	[birinʃi]
segundo	екінші	[ekinʃi]
terceiro	үшінші	[ʉʃinʃi]
quarto	төртінші	[tørtinʃi]
quinto	бесінші	[besinʃi]

sexto	алтыншы	[altɨnʃi]
sétimo	жетінші	[ʒetinʃi]
oitavo	сегізінші	[segizinʃi]
nono	тоғызыншы	[toɣɨzinʃi]
décimo	оныншы	[oninʃi]

CORES. UNIDADES DE MEDIDA

10. Cores

cor (f)	түс	[tʉs]
matiz (m)	түс	[tʉs]
tom (m)	түс	[tʉs]
arco-íris (m)	кемпір қосақ	[kempir qosaq]
branco	ақ	[aq]
preto	қара	[qara]
cinzento	сұр	[sʊr]
verde	жасыл	[ʒasɨl]
amarelo	сары	[sarɨ]
vermelho	қызыл	[qɨzɨl]
azul	көк	[køk]
azul claro	көгілдір	[køɣildir]
rosa	қызғылт	[qɨzɣɨlt]
laranja	сарғылт	[sarɣɨlt]
violeta	күлгін	[kʉlgin]
castanho	қоңыр	[qoŋir]
dourado	алтын	[altin]
prateado	күміс түсті	[kʉmis tʉsti]
bege	ақшыл сары	[aqʃil sari]
creme	ақшыл сары	[aqʃil sari]
turquesa	көк	[køk]
vermelho cereja	шие түсті	[ʃie tʉsti]
lilás	ақшыл көк	[aqʃil køk]
carmesim	қызыл күрең	[qɨzil kʉreŋ]
claro	ашық	[aʃiq]
escuro	қоңыр	[qonir]
vivo	айқын	[ajqin]
de cor	түрлі-түсті	[tʉrli tʉsti]
a cores	түрлі-түсті	[tʉrli tʉsti]
preto e branco	қара-ала	[qara ala]
unicolor	бір түсті	[bir tʉsti]
multicor	алабажақ	[alabaʒaq]

11. Unidades de medida

peso (m)	салмақ	[salmaq]
comprimento (m)	ұзындық	[ʊzindiq]

largura (f)	ен	[en]
altura (f)	биіктік	[bıiktik]
profundidade (f)	тереңдік	[tereŋdik]
volume (m)	көлем	[kølem]
área (f)	аумақ	[aumaq]

grama (m)	грамм	[gramm]
miligrama (m)	миллиграм	[mıllıgram]
quilograma (m)	килограмм	[kılogramm]
tonelada (f)	тонна	[tona]
libra (453,6 gramas)	қадақ	[qadaq]
onça (f)	унция	[unʦıja]

metro (m)	метр	[metr]
milímetro (m)	миллиметр	[mıllımetr]
centímetro (m)	сантиметр	[santımetr]
quilómetro (m)	километр	[kılometr]
milha (f)	миля	[mılja]

polegada (f)	дюйм	[djujm]
pé (304,74 mm)	фут	[fut]
jarda (914,383 mm)	ярд	[jard]

metro (m) quadrado	шаршы метр	[ʃarʃi metr]
hectare (m)	гектар	[gektar]

litro (m)	литр	[lıtr]
grau (m)	градус	[gradus]
volt (m)	вольт	[volʲt]
ampere (m)	ампер	[amper]
cavalo-vapor (m)	ат күші	[at kʉʃi]

quantidade (f)	мөлшері	[mølʃæri]
um pouco de …	аздап …	[azdap]
metade (f)	жарты	[ʒarti]
dúzia (f)	дожна	[doʒna]
peça (f)	дана	[dana]

dimensão (f)	көлем	[kølem]
escala (f)	масштаб	[masʃtab]

mínimo	ең азы	[eŋ azi]
menor, mais pequeno	ең кіші	[eŋ kiʃi]
médio	орташа	[ortaʃa]
máximo	барынша көп	[barinʃa køp]
maior, mais grande	ең үлкен	[eŋ ʉlken]

12. Recipientes

boião (m) de vidro	банкі	[banki]
lata (~ de cerveja)	банкі	[banki]
balde (m)	шелек	[ʃælek]
barril (m)	бөшке	[bøʃke]
bacia (~ de plástico)	леген	[legen]

tanque (m)	бак	[bak]
cantil (m) de bolso	құты	[quti]
bidão (m) de gasolina	канистр	[kanıstr]
cisterna (f)	цистерна	[tsısterna]
caneca (f)	сапты аяқ	[saptı ajaq]
chávena (f)	шыны аяқ	[ʃını ajaq]
pires (m)	табақша	[tabaqʃa]
copo (m)	стақан	[staqan]
taça (f) de vinho	бокал	[bokal]
panela, caçarola (f)	кастрөл	[kastrøl]
garrafa (f)	шөлмек	[ʃølmek]
gargalo (m)	ауыз	[awiz]
jarro, garrafa (f)	графин	[grafın]
jarro (m) de barro	көзе	[køze]
recipiente (m)	ыдыс	[idis]
pote (m)	құмыра	[qumıra]
vaso (m)	ваза	[vaza]
frasco (~ de perfume)	шиша	[ʃıʃa]
frasquinho (ex. ~ de iodo)	құты	[quti]
tubo (~ de pasta dentífrica)	сықпалы сауыт	[siqpali sawit]
saca (ex. ~ de açúcar)	қап	[qap]
saco (~ de plástico)	пакет	[paket]
maço (m)	десте	[deste]
caixa (~ de sapatos, etc.)	қорап	[qorap]
caixa (~ de madeira)	жәшік	[ʒæʃik]
cesta (f)	кәрзеңке	[kærziŋke]

VERBOS PRINCIPAIS

13. Os verbos mais importantes. Parte 1

abrir (vt)	ашу	[aʃu]
acabar, terminar (vt)	бітіру	[bitiru]
aconselhar (vt)	кеңес беру	[keŋes beru]
adivinhar (vt)	шешу	[ʃeʃu]
advertir (vt)	ескерту	[eskertu]
ajudar (vt)	көмектесу	[kømektesu]
almoçar (vi)	түскі тамақ жеу	[tuski tamaq ʒeu]
alugar (~ um apartamento)	жалға алу	[ʒalɣa alu]
amar (vt)	жақсы көру	[ʒaqsɨ køru]
ameaçar (vt)	қорқыту	[qorqɨtu]
anotar (escrever)	жазу	[ʒazu]
apressar-se (vr)	асығу	[asɨɣu]
arrepender-se (vr)	өкіну	[økinu]
assinar (vt)	қол қою	[qol qoju]
atirar, disparar (vi)	ату	[atu]
brincar (vi)	әзілдеу	[æzildeu]
brincar, jogar (crianças)	ойнау	[ojnau]
buscar (vt)	іздеу	[izdeu]
caçar (vi)	аулау	[aulau]
cair (vi)	құлау	[qulau]
cavar (vt)	қазу	[qazu]
cessar (vt)	доғару	[doɣaru]
chamar (~ por socorro)	жәрдемге шақыру	[ʒærdemge ʃaqɨru]
chegar (vi)	келу	[kelu]
chorar (vi)	жылау	[ʒɨlau]
começar (vt)	бастау	[bastau]
comparar (vt)	салыстыру	[salɨstɨru]
compreender (vt)	түсіну	[tusinu]
concordar (vi)	көну	[kønu]
confiar (vt)	сену	[senu]
confundir (equivocar-se)	қателесу	[qatelesu]
conhecer (vt)	білу	[bilu]
contar (fazer contas)	санау	[sanau]
contar com (esperar)	үміт арту ...	[umit artu]
continuar (vt)	жалғастыру	[ʒalɣastɨru]
controlar (vt)	бақылау	[baqɨlau]
convidar (vt)	шақыру	[ʃaqɨru]
correr (vi)	жүгіру	[ʒugiru]
criar (vt)	құру	[quru]
custar (vt)	тұру	[turu]

14. Os verbos mais importantes. Parte 2

dar (vt)	беру	[beru]
dar uma dica	түспалдау	[tʉspaldau]
decorar (enfeitar)	әсемдеу	[æsemdeu]
defender (vt)	қорғау	[qorɣau]
deixar cair (vt)	түсіру	[tʉsiru]

descer (para baixo)	түсу	[tʉsu]
desculpar (vt)	кешіру	[keʃiru]
desculpar-se (vr)	кешірім сұрау	[keʃirim surau]
dirigir (~ uma empresa)	басқару	[basqaru]
discutir (notícias, etc.)	талқылау	[talqɨlau]
dizer (vt)	айту	[ajtu]

duvidar (vt)	шүбәлану	[ʃʉbælanu]
encontrar (achar)	табу	[tabu]
enganar (vt)	алдау	[aldau]
entrar (na sala, etc.)	кіру	[kiru]
enviar (uma carta)	жөнелту	[ʒøneltu]

errar (equivocar-se)	қателесу	[qatelesu]
escolher (vt)	таңдау	[taŋdau]
esconder (vt)	жасыру	[ʒasɨru]

escrever (vt)	жазу	[ʒazu]
esperar (o autocarro, etc.)	тосу	[tosu]

esperar (ter esperança)	үміттену	[ʉmittenu]
esquecer (vt)	ұмыту	[umɨtu]
estudar (vt)	зерттеу	[zertteu]

exigir (vt)	талап ету	[talap etu]
existir (vi)	тіршілік ету	[tirʃilik etu]

explicar (vt)	түсіндіру	[tʉsindiru]
falar (vi)	сөйлесу	[søjlesu]
faltar (clases, etc.)	өткізу	[øtkizu]
fazer (vt)	жасау	[ʒasau]

ficar em silêncio	үндемеу	[ʉndemeu]
gabar-se, jactar-se (vr)	мақтану	[maqtanu]

gostar (apreciar)	ұнау	[unau]
gritar (vi)	айғайлау	[ajɣajlau]
guardar (cartas, etc.)	сақтау	[saqtau]

informar (vt)	мәлімдеу	[mælimdeu]
insistir (vi)	кеуделеу	[keudeleu]

insultar (vt)	қорлау	[qorlau]
interessar-se (vr)	көңіл қою	[køŋil qoju]
ir (a pé)	жүру	[ʒʉru]
ir nadar	шомылу	[ʃomɨlu]
jantar (vi)	кешкі тамақ ішу	[keʃki tamaq iʃu]

15. Os verbos mais importantes. Parte 3

ler (vt)	оқу	[oqu]
libertar (cidade, etc.)	босату	[bosatu]
matar (vt)	өлтіру	[øltiru]
mencionar (vt)	атау	[atau]
mostrar (vt)	көрсету	[kørsetu]

mudar (modificar)	өзгерту	[øzgertu]
nadar (vi)	жүзу	[ʒ<del></del>ʉzu]
negar-se a …	бас тарту	[bas tartu]
objetar (vt)	қарсы айту	[qarsɨ ajtu]

observar (vt)	бақылау	[baqɨlau]
ordenar (mil.)	бұйыру	[bujɨru]
ouvir (vt)	есту	[estu]
pagar (vt)	төлеу	[tøleu]
parar (vi)	тоқтау	[toqtau]

participar (vi)	қатысу	[qatɨsu]
pedir (comida)	жасату	[ʒasatu]
pedir (um favor, etc.)	сұрау	[sʊrau]
pegar (tomar)	алу	[alu]
pensar (vt)	ойлану	[ojlanu]

perceber (ver)	байқап қалу	[bajqap qalu]
perdoar (vt)	кешіру	[keʃiru]
perguntar (vt)	сұрау	[sʊrau]
permitir (vt)	рұқсат ету	[rʊqsat etu]
pertencer a …	меншігі болу	[menʃigi bolu]

planear (vt)	жоспарлау	[ʒosparlau]
poder (vi)	істей алу	[istej alu]
possuir (vt)	ие болу	[ie bolu]
preferir (vt)	артық көру	[artiq køru]
preparar (vt)	әзірлеу	[æzirleu]

prever (vt)	алдағыны болжап білу	[aldaɣɨnɨ bolʒap bilu]
prometer (vt)	уәде беру	[wæde beru]
pronunciar (vt)	айту	[ajtu]
propor (vt)	ұсыну	[ʊsɨnu]
punir (castigar)	жазалау	[ʒazalau]

16. Os verbos mais importantes. Parte 4

queixar-se (vr)	арыздану	[arɨzdanu]
querer (desejar)	тілеу	[tileu]
recomendar (vt)	кеңес беру	[keŋes beru]
repetir (dizer outra vez)	қайталау	[qajtalau]

repreender (vt)	ұрсу	[ʊrsu]
reservar (~ um quarto)	кейінге сақтау	[kejinge saqtau]
responder (vt)	жауап беру	[ʒawap beru]

rezar, orar (vi)	сиыну	[sıinu]
rir (vi)	күлу	[kүlu]
roubar (vt)	ұрлау	[ʊrlau]
saber (vt)	білу	[bilu]
sair (~ de casa)	шығу	[ʃiɣu]
salvar (vt)	құтқару	[qʊtqaru]
seguir ...	артынан еру	[artınan eru]
sentar-se (vr)	отыру	[otïru]
ser necessário	керек болу	[kerek bolu]
ser, estar	болу	[bolu]
significar (vt)	білдіру	[bilʲdiru]
sorrir (vi)	күлімдеу	[kүlimdeu]
subestimar (vt)	бағаламау	[baɣalamau]
surpreender-se (vr)	таңдану	[taŋdanu]
tentar (vt)	байқап көру	[bajqap køru]
ter (vt)	өзінде бар болу	[øzinde bar bolu]
ter fome	жегісі келу	[ʒegisi kelu]
ter medo	қорқу	[qorqu]
ter sede	шөлдеу	[ʃøldeu]
tocar (com as mãos)	қозғау	[qozɣau]
tomar o pequeno-almoço	ертеңгі тамақты ішу	[erteŋgi tamaqti iʃu]
trabalhar (vi)	жұмыс істеу	[ʒumis isteu]
traduzir (vt)	аудару	[audaru]
unir (vt)	біріктіру	[biriktirʉ]
vender (vt)	сату	[satu]
ver (vt)	көру	[køru]
virar (ex. ~ à direita)	бұру	[buru]
voar (vi)	ұшу	[ʊʃu]

TEMPO. CALENDÁRIO

17. Dias da semana

segunda-feira (f)	дүйсенбі	[dujsenbi]
terça-feira (f)	сейсенбі	[sejsenbi]
quarta-feira (f)	сәрсенбі	[særsenbi]
quinta-feira (f)	бейсенбі	[bejsenbi]
sexta-feira (f)	жұма	[ʒuma]
sábado (m)	сенбі	[senbi]
domingo (m)	жексенбі	[ʒeksenbi]
hoje	бүгін	[bugin]
amanhã	ертең	[erteŋ]
depois de amanhã	бүрсігүні	[bursiguni]
ontem	кеше	[keʃæ]
anteontem	алдыңғы күні	[aldiŋɣi kuni]
dia (m)	күн	[kun]
dia (m) de trabalho	жұмыс күні	[ʒumis kuni]
feriado (m)	мерекелік күн	[merekelik kun]
dia (m) de folga	демалыс күні	[demalis kuni]
fim (m) de semana	демалыс	[demalis]
o dia todo	күні бойы	[kuni boji]
no dia seguinte	ертесіне	[ertesine]
há dois dias	екі күн кері	[eki kun keri]
na véspera	қарсаңында	[qarsaŋinda]
diário	күнделікті	[kundelikti]
todos os dias	күнбе-күн	[kunbe kun]
semana (f)	апта	[apta]
na semana passada	өткен жұмада	[øtken ʒumada]
na próxima semana	келесі жұмада	[kelesi ʒumada]
semanal	апталық	[aptaliq]
cada semana	апта сайын	[apta sajin]
duas vezes por semana	жұмада екі рет	[ʒumada eki ret]
cada terça-feira	сейсенбі сайын	[sejsenbi sajin]

18. Horas. Dia e noite

manhã (f)	таң	[taŋ]
de manhã	таңертеңгілік	[taŋerteŋgilik]
meio-dia (m)	тал түс	[tal tus]
à tarde	түстен кейін	[tusten kejin]
noite (f)	кеш	[keʃ]
à noite (noitinha)	кешке	[keʃke]

noite (f)	түн	[tʉn]
à noite	түнде	[tʉnde]
meia-noite (f)	түн жарымы	[tʉn ʒarimi]
segundo (m)	секунд	[sekund]
minuto (m)	минут	[mınut]
hora (f)	сағат	[saɣat]
meia hora (f)	жарты сағат	[ʒartı saɣat]
quarto (m) de hora	он бес минут	[on bes mınut]
quinze minutos	он бес минут	[on bes mınut]
vinte e quatro horas	тәулік	[tæulik]
nascer (m) do sol	күннің шығуы	[kʉniŋ ʃiɣui]
amanhecer (m)	таң ату	[taŋ atu]
madrugada (f)	азан	[azan]
pôr do sol (m)	күннің батуы	[kʉniŋ batui]
de madrugada	таңертең	[taŋerteŋ]
hoje de manhã	бүгін ертеңмен	[bʉgin erteŋmen]
amanhã de manhã	ертең ертеңгісін	[erteŋ erteŋgisin]
hoje à tarde	бүгін күндіз	[bʉgin kʉndiz]
à tarde	түстен кейін	[tʉsten kejin]
amanhã à tarde	ертең түстен кейін	[erteŋ tʉsten kejin]
hoje à noite	бүгін кешке	[bʉgin keʃke]
amanhã à noite	ертең кешке	[erteŋ keʃke]
às três horas em ponto	сағат дәл үште	[saɣat dæl ʉʃte]
por volta das quatro	сағат төртке қарай	[saɣat tørtke qaraj]
às doze	сағат он екіге қарай	[saɣat on ekige qaraj]
dentro de vinte minutos	жиырма минуттан соң	[ʒıırma mınuttan soŋ]
dentro duma hora	бір сағаттан соң	[bir saɣattan soŋ]
a tempo	дәл кезінде	[dæl kezinde]
menos um quarto	он бес минутсыз	[on bes mınutsiz]
durante uma hora	сағат бойында	[saɣat bojinda]
a cada quinze minutos	әр он бес минут сайын	[ær on bes mınut sajin]
as vinte e quatro horas	тәулік бойы	[tæulik boji]

19. Meses. Estações

janeiro (m)	қаңтар	[qaŋtar]
fevereiro (m)	ақпан	[aqpan]
março (m)	наурыз	[nauriz]
abril (m)	сәуір	[sæwir]
maio (m)	мамыр	[mamir]
junho (m)	маусым	[mausim]
julho (m)	шілде	[ʃilde]
agosto (m)	тамыз	[tamiz]
setembro (m)	қыркүйек	[qirkʉjek]
outubro (m)	қазан	[qazan]

novembro (m)	қараша	[qaraʃa]
dezembro (m)	желтоқсан	[ʒeltoqsan]
primavera (f)	көктем	[køktem]
na primavera	көктемде	[køktemde]
primaveril	көктемгі	[køktemgi]
verão (m)	жаз	[ʒaz]
no verão	жазда	[ʒazda]
de verão	жазғы	[ʒazɣɨ]
outono (m)	күз	[kʉz]
no outono	күзде	[kʉzde]
outonal	күздік	[kʉzdik]
inverno (m)	қыс	[qɨs]
no inverno	қыста	[qɨsta]
de inverno	қысқы	[qɨsqɨ]
mês (m)	ай	[aj]
este mês	осы айда	[osɨ ajda]
no próximo mês	келесі айда	[kelesi ajda]
no mês passado	өткен айда	[øtken ajda]
há um mês	бір ай кері	[bir aj keri]
dentro de um mês	бір айдан кейін	[bir ajdan kejin]
dentro de dois meses	екі айдан кейін	[eki ajdan kejin]
todo o mês	ай бойы	[aj bojɨ]
um mês inteiro	ай бойы	[aj bojɨ]
mensal	ай сайынғы	[aj sajɨnɣɨ]
mensalmente	ай сайын	[aj sajɨn]
cada mês	әр айда	[ær ajda]
duas vezes por mês	айда екі рет	[ajda eki ret]
ano (m)	жыл	[ʒɨl]
este ano	биылғы	[bɨɨlɣɨ]
no próximo ano	келесі жылы	[kelesi ʒɨlɨ]
no ano passado	өткен жылы	[øtken ʒɨlɨ]
há um ano	алдынғы жылы	[aldɨnɣɨ ʒɨlɨ]
dentro dum ano	бір жылдан кейін	[bir ʒɨldan kejin]
dentro de 2 anos	екі жылдан кейін	[eki ʒɨldan kejin]
todo o ano	жыл бойы	[ʒɨl bojɨ]
um ano inteiro	жыл бойы	[ʒɨl bojɨ]
cada ano	әр жыл сайын	[ær ʒɨl sajɨn]
anual	жыл сайынғы	[ʒɨl sajɨnɣɨ]
anualmente	жыл сайын	[ʒɨl sajɨn]
quatro vezes por ano	жылына төрт рет	[ʒɨlɨna tørt ret]
data (~ de hoje)	сан	[san]
data (ex. ~ de nascimento)	дата	[data]
calendário (m)	күнтізбе	[kʉntizbe]
meio ano	жарты жыл	[ʒartɨ ʒɨl]
seis meses	жарты жылдық	[ʒartɨ ʒɨldɨq]

| estação (f) | маусым | [mausim] |
| século (m) | ғасыр | [ɣasir] |

VIAGENS. HOTEL

20. Viagens

turismo (m)	туризм	[turızm]
turista (m)	турист	[turıst]
viagem (f)	саяхат	[sajahat]
aventura (f)	оқиға	[oqıɣa]
viagem (f)	сапар	[sapar]
férias (f pl)	демалыс	[demalis]
estar de férias	демалыста болу	[demalista bolu]
descanso (m)	демалу	[demalu]
comboio (m)	пойыз	[pojiz]
de comboio (chegar ~)	пойызбен	[pojizben]
avião (m)	ұшақ	[uʃaq]
de avião	ұшақпен	[uʃaqpen]
de carro	автомобильде	[avtomobılʲde]
de navio	кемеде	[kemede]
bagagem (f)	жолжүк	[ʒolʒʉk]
mala (f)	шабадан	[ʃabadan]
carrinho (m)	жүкке арналған арбаша	[ʒʉkke arnalɣan arbaʃa]
passaporte (m)	паспорт	[pasport]
visto (m)	виза	[vıza]
bilhete (m)	билет	[bılet]
bilhete (m) de avião	авиабилет	[avıabılet]
guia (m) de viagem	жол көрсеткіш	[ʒol kørsetkiʃ]
mapa (m)	карта	[karta]
local (m), area (f)	атырап	[atirap]
lugar, sítio (m)	мекен	[meken]
exotismo (m)	экзотика	[ɛkzotıka]
exótico	экзотикалық	[ɛkzotıkaliq]
surpreendente	таңғажайып	[taŋɣaʒajip]
grupo (m)	группа	[gruppa]
excursão (f)	экскурсия	[ɛkskursıja]
guia (m)	экскурсия жетекшісі	[ɛkskursıja ʒetekʃisi]

21. Hotel

hotel (m)	қонақ үй	[qonaq ʉj]
motel (m)	мотель	[motɛlʲ]
três estrelas	үш жұлдыз	[ʉʃ ʒʊldiz]

cinco estrelas	бес жұлдыз	[bes ʒuldiz]
ficar (~ num hotel)	тоқтау	[toqtau]

quarto (m)	нөмір	[nømir]
quarto (m) individual	бір адамдықнөмір	[bir adamdiqnømir]
quarto (m) duplo	екі адамдық нөмір	[eki adamdiq nømir]
reservar um quarto	нөмірді броньдау	[nømirdi bronʲdau]

meia pensão (f)	жартылай пансион	[ʒartilaj pansion]
pensão (f) completa	толық пансион	[toliq pansion]

com banheira	ваннамен	[vanamen]
com duche	душпен	[duʃpen]
televisão (m) satélite	спутник теледидары	[sputnik teledidari]
ar (m) condicionado	кондиционер	[kondıtsıoner]
toalha (f)	орамал	[oramal]
chave (f)	кілт	[kilt]

administrador (m)	әкімші	[ækimʃi]
camareira (f)	қызметші әйел	[qizmetʃi æjel]
bagageiro (m)	жүкші	[ʒukʃi]
porteiro (m)	портье	[portʲe]

restaurante (m)	мейрамхана	[mejramhana]
bar (m)	бар	[bar]
pequeno-almoço (m)	ертеңгілік тамақ	[erteŋgilik tamaq]
jantar (m)	кешкі тамақ	[keʃki tamaq]
buffet (m)	шведтік үстел	[ʃvedtiq ustel]

hall (m) de entrada	вестибюль	[vestıbjulʲ]
elevador (m)	жеделсаты	[ʒedelsati]

NÃO PERTURBE	МАЗАЛАМАУ	[mazalamau]
PROIBIDO FUMAR!	ТЕМЕКІ ТАРТПАУ	[temeki tartpau]

22. Turismo

monumento (m)	ескерткіш	[eskertkiʃ]
fortaleza (f)	қамал	[qamal]
palácio (m)	сарай	[saraj]
castelo (m)	сарай	[saraj]
torre (f)	мұнара	[munara]
mausoléu (m)	мазар	[mazar]

arquitetura (f)	сәулет	[sæulet]
medieval	орта ғасырлы	[orta ɣasirli]
antigo	ескі	[eski]
nacional	ұлттық	[ulttiq]
conhecido	атаулы	[atauli]

turista (m)	турист	[turıst]
guia (pessoa)	гид	[gıd]
excursão (f)	экскурсия	[ɛkskursıja]
mostrar (vt)	көрсету	[kørsetu]

contar (vt)	әңгімелеу	[æŋgimeleu]
encontrar (vt)	табу	[tabu]
perder-se (vr)	жоғалу	[ʒoɣalu]
mapa (~ do metrô)	схема	[shema]
mapa (~ da cidade)	жоспар	[ʒospar]
lembrança (f), presente (m)	базарлық	[bazarlïq]
loja (f) de presentes	базарлық дукені	[bazarlïq dukeni]
fotografar (vt)	суретке түсіру	[suretke tʉsiru]
fotografar-se	суретке түсу	[suretke tʉsu]

TRANSPORTES

23. Aeroporto

aeroporto (m)	әуежай	[æweӡaj]
avião (m)	ұшақ	[uʃaq]
companhia (f) aérea	авиакомпания	[avɪakompanɪja]
controlador (m) de tráfego aéreo	диспетчер	[dɪspetʃer]

partida (f)	ұшу	[uʃu]
chegada (f)	ұшып келу	[uʃip kelu]
chegar (~ de avião)	ұшып келу	[uʃip kelu]

hora (f) de partida	ұшып шығу уақыты	[uʃip ʃɣu uaqiti]
hora (f) de chegada	ұшып келу уақыты	[uʃip kelu uaqiti]

estar atrasado	кідіру	[kidiru]
atraso (m) de voo	ұшып шығудың кідіруі	[uʃip ʃɣudidiŋ kidirui]

painel (m) de informação	ақпараттық табло	[aqparatiq tablo]
informação (f)	ақпарат	[aqparat]
anunciar (vt)	әйгілеу	[æjgileu]
voo (m)	рейс	[rejs]

alfândega (f)	кеден	[keden]
funcionário (m) da alfândega	кеденші	[kedenʃi]

declaração (f) alfandegária	декларация	[deklaratsija]
preencher a declaração	декларацияны толтыру	[deklaratsijani toltiru]
controlo (m) de passaportes	төлқұжат бақылауы	[tølquӡat baqilaui]

bagagem (f)	жүк	[ӡʉk]
bagagem (f) de mão	қол жүк	[qol ӡʉk]
carrinho (m)	арбаша	[arbaʃa]

aterragem (f)	отырғызу	[otirɣizu]
pista (f) de aterragem	отырғызу алабы	[otirɣizu alabɨ]
aterrar (vi)	қону	[qonu]
escada (f) de avião	басқыш	[basqiʃ]

check-in (m)	тіркеу	[tirkeu]
balcão (m) do check-in	тіркеу үлдірігі	[tirkeu ʉldirigi]
fazer o check-in	тіркелу	[tirkelu]
cartão (m) de embarque	отырғызу талоны	[otirɣizu taloni]
porta (f) de embarque	шығу	[ʃɣu]

trânsito (m)	транзит	[tranzɪt]
esperar (vi, vt)	күту	[kʉtu]

sala (f) de espera	күту залы	[kʉtu zalɨ]
despedir-se de ...	ұзату	[ʊzatu]
despedir-se (vr)	қоштасу	[qoʃtasu]

24. Avião

avião (m)	ұшақ	[ʊʃaq]
bilhete (m) de avião	авиабилет	[avɨabɨlet]
companhia (f) aérea	авиакомпания	[avɨakompanɨja]
aeroporto (m)	әуежай	[æweӡaj]
supersónico	дыбыстан жүйрік	[dɨbɨstan ӡʉjrik]

comandante (m) do avião	кеме командирі	[keme komandɨrɨ]
tripulação (f)	экипаж	[ɛkɨpaӡ]
piloto (m)	ұшқыш	[ʊʃqɨʃ]
hospedeira (f) de bordo	аспансерік	[aspanserik]
copiloto (m)	штурман	[ʃturman]

asas (f pl)	қанаттар	[qanattar]
cauda (f)	құйрық	[qujrɨq]
cabine (f) de pilotagem	кабина	[kabɨna]
motor (m)	қозғалтқыш	[qozɣaltqɨʃ]

trem (m) de aterragem	шасси	[ʃassɨ]
turbina (f)	турбина	[turbɨna]

hélice (f)	пропеллер	[propeller]
caixa-preta (f)	қара жәшік	[qara ӡæʃik]

coluna (f) de controlo	штурвал	[ʃturval]
combustível (m)	жағармай	[ӡaɣarmaj]

instruções (f pl) de segurança	нұсқама	[nʊsqama]
máscara (f) de oxigénio	оттегі маскасы	[ottegi maskasɨ]
uniforme (m)	униформа	[unɨforma]

colete (m) salva-vidas	құтқару жилеті	[qʊtqaru ӡɨleti]
paraquedas (m)	парашют	[paraʃut]

descolagem (f)	ұшып көтерілу	[ʊʃɨp køterilu]
descolar (vi)	ұшып көтерілу	[ʊʃɨp køterilu]
pista (f) de descolagem	ұшу алаңы	[ʊʃu alaŋɨ]

visibilidade (f)	көріну	[kørinu]
voo (m)	ұшу	[ʊʃu]

altura (f)	биіктік	[bɨiktik]
poço (m) de ar	әуе құдығы	[æwe qundɨɣɨ]

assento (m)	орын	[orin]
auscultadores (m pl)	құлаққап	[qʊlaqqap]
mesa (f) rebatível	қайырмалы үстел	[qajɨrmalɨ ʉstel]
vigia (f)	иллюминатор	[ɨlljumɨnator]
passagem (f)	өткел	[øtkel]

25. Comboio

comboio (m)	пойыз	[pojїz]
comboio (m) suburbano	электричка	[ɛlektrɪtʃka]
comboio (m) rápido	жүрдек пойыз	[ʒurdek pojїz]
locomotiva (f) diesel	тепловоз	[teplovoz]
locomotiva (f) a vapor	паровоз	[parovoz]

| carruagem (f) | вагон | [vagon] |
| carruagem restaurante (f) | вагон-ресторан | [vagon restoran] |

carris (m pl)	рельстер	[relʲster]
caminho de ferro (m)	темір жол	[temir ʒol]
travessa (f)	шпал	[ʃpal]

plataforma (f)	платформа	[platforma]
linha (f)	жол	[ʒol]
semáforo (m)	семафор	[semafor]
estação (f)	станция	[stanʦïja]

maquinista (m)	машинист	[maʃïnïst]
bagageiro (m)	жүк тасушы	[ʒuk tasuʃї]
hospedeiro, -a (da carruagem)	жолбасшы	[ʒolbasʃї]
passageiro (m)	жолаушы	[ʒolauʃї]
revisor (m)	бақылаушы	[baqïlauʃї]

| corredor (m) | дәліз | [dæliz] |
| freio (m) de emergência | тоқтату краны | [toqtatu kranї] |

compartimento (m)	купе	[kupe]
cama (f)	сөре	[søre]
cama (f) de cima	жоғарғы сөре	[ʒoɣarɣї søre]
cama (f) de baixo	төменгі сөре	[tømengi søre]
roupa (f) de cama	төсек-орын жабдығы	[tøsek orïn ʒabdїɣї]

bilhete (m)	билет	[bїlet]
horário (m)	кесте	[keste]
painel (m) de informação	табло	[tablo]

| partir (vt) | шегіну | [ʃæginu] |
| partida (f) | пойыздың жүруі | [pojїzdїŋ ʒurui] |

| chegar (vi) | келу | [kelu] |
| chegada (f) | келу | [kelu] |

chegar de comboio	пойызбен келу	[pojїzben kelu]
apanhar o comboio	пойызға отыру	[pojїzɣa otïru]
sair do comboio	пойыздан шығу	[pojїzdan ʃїɣu]

acidente (m) ferroviário	апат	[apat]
locomotiva (f) a vapor	паровоз	[parovoz]
fogueiro (m)	от жағушы	[ot ʒaɣuʃї]
fornalha (f)	оттық	[ottїq]
carvão (m)	көмір	[kømir]

26. Barco

navio (m)	кеме	[keme]
embarcação (f)	кеме	[keme]
vapor (m)	пароход	[parohod]
navio (m)	теплоход	[teplohod]
transatlântico (m)	лайнер	[lajner]
cruzador (m)	крейсер	[krejser]
iate (m)	яхта	[jahta]
rebocador (m)	буксир	[buksır]
barcaça (f)	баржа	[barʒa]
ferry (m)	паром	[parom]
veleiro (m)	желкенші	[ʒelkenʃi]
bergantim (m)	бригантина	[brıgantına]
quebra-gelo (m)	мұз жарғыш	[muz ʒarɣiʃ]
submarino (m)	сүңгуір қайық	[suŋguir qajiq]
bote, barco (m)	қайық	[qajiq]
bote, dingue (m)	шлюпка	[ʃljupka]
bote (m) salva-vidas	құтқарушы қайық	[qutqaruʃi qajiq]
lancha (f)	кеме	[keme]
capitão (m)	капитан	[kapıtan]
marinheiro (m)	кемеші	[kemeʃi]
marujo (m)	теңізші	[teŋizʃi]
tripulação (f)	экипаж	[ɛkıpaʒ]
contramestre (m)	боцман	[botsman]
grumete (m)	юнга	[junga]
cozinheiro (m) de bordo	кок	[kok]
médico (m) de bordo	кеме дәрігері	[keme dærigeri]
convés (m)	палуба	[paluba]
mastro (m)	діңгек	[diŋgek]
vela (f)	желкен	[ʒelken]
porão (m)	трюм	[trjum]
proa (f)	тұмсық	[tumsiq]
popa (f)	корма	[korma]
remo (m)	ескек	[eskek]
hélice (f)	винт	[vınt]
camarote (m)	каюта	[kajuta]
sala (f) dos oficiais	ортақ бөлме	[ortaq bølme]
sala (f) das máquinas	машина бөлімі	[maʃına bølimi]
ponte (m) de comando	капитан мінбесі	[kapıtan minbesi]
sala (f) de comunicações	радиорубка	[radıorubka]
onda (f) de rádio	толқын	[tolqin]
diário (m) de bordo	кеме журналы	[keme ʒurnali]
luneta (f)	көру дүрбісі	[køru durbisi]
sino (m)	қоңырау	[qoŋirau]

bandeira (f)	ту	[tu]
cabo (m)	арқан	[arqan]
nó (m)	түйін	[tʉjin]

corrimão (m)	тұтқа	[tʊtqa]
prancha (f) de embarque	басқыш	[basqɪʃ]

âncora (f)	зәкір	[zækir]
recolher a âncora	зәкірді көтеру	[zækirdi køteru]
lançar a âncora	зәкірді тастау	[zækirdi tastau]
amarra (f)	зәкір шынжыры	[zækir ʃinʒiri]

porto (m)	кемежай	[kemeʒaj]
cais, amarradouro (m)	айлақ	[ajlaq]
atracar (vi)	айлақтау	[ajlaqtau]
desatracar (vi)	қозғалып кету	[qozɣalip ketu]

viagem (f)	саяхат	[sajahat]
cruzeiro (m)	круиз	[kruɪz]
rumo (m), rota (f)	бағыт	[baɣɪt]
itinerário (m)	бағдар	[baɣdar]

canal (m) navegável	фарватер	[farvater]
banco (m) de areia	қайыр	[qajir]
encalhar (vt)	тақырға отырып қалу	[taqirɣa otirip qalu]

tempestade (f)	дауыл	[dawɪl]
sinal (m)	сигнал	[sɪgnal]
afundar-se (vr)	бату	[batu]
SOS	SOS	[sos]
boia (f) salva-vidas	құтқару дөңгелегі	[qjutqaru døŋgelegi]

CIDADE

27. Transportes urbanos

autocarro (m)	автобус	[avtobus]
elétrico (m)	трамвай	[tramvaj]
troleicarro (m)	троллейбус	[trollejbus]
itinerário (m)	бағдар	[baγdar]
número (m)	нөмір	[nømir]

ir de … (carro, etc.)	… бару	[baru]
entrar (~ no autocarro)	отыру	[otiru]
descer de …	шығу	[ʃiγu]

paragem (f)	аялдама	[ajaldama]
próxima paragem (f)	келесі аялдама	[kelesi ajaldama]
ponto (m) final	соңғы аялдама	[soŋγɨ ajaldama]
horário (m)	кесте	[keste]
esperar (vt)	тосу	[tosu]

bilhete (m)	билет	[bɪlet]
custo (m) do bilhete	билеттің құны	[bɪlettiŋ qʊni]

bilheteiro (m)	кассир	[kassɨr]
controlo (m) dos bilhetes	бақылау	[baqɨlau]
revisor (m)	бақылаушы	[baqɨlauʃi]

atrasar-se (vr)	кешігу	[keʃigu]
perder (o autocarro, etc.)	кешігу	[keʃigu]
estar com pressa	асығу	[asɨγu]

táxi (m)	такси	[taksɨ]
taxista (m)	таксист	[taksɪst]
de táxi (ir ~)	таксимен	[taksɨmen]
praça (f) de táxis	такси тұрағы	[taksɨ tʊraγɨ]
chamar um táxi	такси жалдау	[taksɨ ʒaldau]
apanhar um táxi	такси жалдау	[taksɨ ʒaldau]

tráfego (m)	көше қозғалысы	[køʃæ qozγalɨsɨ]
engarrafamento (m)	тығын	[tiγin]
horas (f pl) de ponta	қарбалас сағаттары	[qarbalas saγattari]
estacionar (vi)	көлікті қою	[kølikti qoju]
estacionar (vt)	көлікті қою	[kølikti qoju]
parque (m) de estacionamento	тұрақ	[tʊraq]

metro (m)	метро	[metro]
estação (f)	бекет	[beket]
ir de metro	метромен жүру	[metromen ʒʉru]
comboio (m)	пойыз	[pojɨz]
estação (f)	вокзал	[vokzal]

28. Cidade. Vida na cidade

cidade (f)	қала	[qala]
capital (f)	астана	[astana]
aldeia (f)	ауыл	[awɨl]
mapa (m) da cidade	қаланың жоспары	[qalanɨŋ ʒospari]
centro (m) da cidade	қаланың орталығы	[qalanɨŋ ortaliɣɨ]
subúrbio (m)	қала маңы	[qala maŋɨ]
suburbano	қала маңайы	[qala maŋajɨ]
periferia (f)	түкпір	[tʉkpir]
arredores (m pl)	айнала-төңірек	[ajnalatøŋirek]
quarteirão (m)	квартал	[kvartal]
quarteirão (m) residencial	тұрғын квартал	[tʊrɣɨn kvartal]
tráfego (m)	жүріс	[ʒʉris]
semáforo (m)	бағдаршам	[baɣdarʃam]
transporte (m) público	қала көлігі	[qala køligi]
cruzamento (m)	жол торабы	[ʒol torabɨ]
passadeira (f)	өтпелі	[øtpeli]
passagem (f) subterrânea	жерасты өтпе жолы	[ʒerastɨ øtpe ʒolɨ]
cruzar, atravessar (vt)	өту	[øtu]
peão (m)	жаяу	[ʒajau]
passeio (m)	жаяулар жүретін жол	[ʒajaular ʒʉretin ʒol]
ponte (f)	көпір	[køpir]
margem (f) do rio	жағалау	[ʒaɣalau]
alameda (f)	саяжол	[sajaʒol]
parque (m)	саябақ	[sajabaq]
bulevar (m)	бульвар	[bulʲvar]
praça (f)	алаң	[alaŋ]
avenida (f)	даңғыл	[daŋɣɨl]
rua (f)	көше	[køʃæ]
travessa (f)	тұйық көше	[tʊjɨq køʃæ]
beco (m) sem saída	тұйық	[tʊjɨq]
casa (f)	үй	[ʉj]
edifício, prédio (m)	ғимарат	[ɣɨmarat]
arranha-céus (m)	зеңгір үй	[zeŋgir ʉj]
fachada (f)	фасад	[fasad]
telhado (m)	шатыр	[ʃatɨr]
janela (f)	терезе	[tereze]
arco (m)	дарбаза	[darbaza]
coluna (f)	колонна	[kolona]
esquina (f)	бұрыш	[bʊrɨʃ]
montra (f)	көрме	[kørme]
letreiro (m)	маңдайша жазу	[maŋdajʃa ʒazu]
cartaz (m)	жарқағаз	[ʒarqaɣaz]
cartaz (m) publicitário	жарнамалық плакат	[ʒarnamaliq plakat]
painel (m) publicitário	жарнама қалқаны	[ʒarnama qalqanɨ]

lixo (m)	қоқым-соқым	[qoqïm soqïm]
cesta (f) do lixo	қоқыс салатын урна	[qoqïs salatin urna]
jogar lixo na rua	қоқыту	[qoqïtu]
aterro (m) sanitário	қоқыс тастайтын жер	[qoqïs tastajtin ʒer]

cabine (f) telefónica	телефон будкасі	[telefon budkasi]
candeeiro (m) de rua	фонарь бағанасы	[fonarʲ baɣanasi]
banco (m)	орындық	[orïndïq]

polícia (m)	полицей	[polïtsej]
polícia (instituição)	полиция	[polïtsïja]
mendigo (m)	қайыршы	[qajïrʃï]
sem-abrigo (m)	үйсіз	[ʉjsiz]

29. Instituições urbanas

loja (f)	дүкен	[dʉken]
farmácia (f)	дәріхана	[dærihana]
ótica (f)	оптика	[optïka]
centro (m) comercial	сауда орталығы	[sauda ortaliɣi]
supermercado (m)	супермаркет	[supermarket]

padaria (f)	тоқаш сататын дүкен	[toqaʃ satatin dʉken]
padeiro (m)	наубайшы	[naubajʃï]
pastelaria (f)	кондитер	[kondïter]
mercearia (f)	бакалея	[bakaleja]
talho (m)	ет дүкені	[et dʉkeni]

| loja (f) de legumes | көкөнісдүкені | [køkønisdʉkeni] |
| mercado (m) | нарық | [narïq] |

café (m)	кафе	[kafe]
restaurante (m)	мейрамхана	[mejramhana]
bar (m), cervejaria (f)	сырахана	[sïrahana]
pizzaria (f)	пиццерия	[pïtserïja]

salão (m) de cabeleireiro	шаштараз	[ʃaʃtaraz]
correios (m pl)	пошта	[poʃta]
lavandaria (f)	химиялық тазалау	[hïmïjalïq tazalau]
estúdio (m) fotográfico	фотосурет шеберханасы	[fotosuret ʃæberhanasi]

sapataria (f)	аяқ киім дүкені	[ajaq kïim dʉkeni]
livraria (f)	кітап дүкені	[kitap dʉkeni]
loja (f) de artigos de desporto	спорт дүкені	[sport dʉkeni]

reparação (f) de roupa	киім жөндеу	[kïim ʒøndeu]
aluguer (m) de roupa	киімді жалға беру	[kïimdi ʒalɣa beru]
aluguer (m) de filmes	фильмді жалға беру	[fïlʲmdi ʒalɣa beru]

circo (m)	цирк	[tsïrk]
jardim (m) zoológico	айуанаттар паркі	[ajuanattar parki]
cinema (m)	кинотеатр	[kïnoteatr]
museu (m)	музей	[muzej]
biblioteca (f)	кітапхана	[kitaphana]

teatro (m)	театр	[teatr]
ópera (f)	опера	[opera]
clube (m) noturno	түнгі клуб	[tuŋgi klub]
casino (m)	казино	[kazıno]

mesquita (f)	мешіт	[meʃit]
sinagoga (f)	синагога	[sınagoga]
catedral (f)	кесене	[kesene]
templo (m)	ғибадатхана	[ɣıbadathana]
igreja (f)	шіркеу	[ʃirkeu]

instituto (m)	институт	[ınstıtut]
universidade (f)	университет	[unıversıtet]
escola (f)	мектеп	[mektep]

prefeitura (f)	әкімшілік	[ækimʃilik]
câmara (f) municipal	әкімдік	[ækimdik]
hotel (m)	қонақ үй	[qonaq ʉj]
banco (m)	банк	[bank]

embaixada (f)	елшілік	[elʃilik]
agência (f) de viagens	туристік агенттік	[turıstik agenttik]
agência (f) de informações	анықтама бюросы	[anıqtama bjurosi]
casa (f) de câmbio	айырбас пункті	[ajirbas punkti]

| metro (m) | метро | [metro] |
| hospital (m) | емхана | [emhana] |

| posto (m) de gasolina | жанармай | [ʒanarmaj] |
| parque (m) de estacionamento | тұрақ | [turaq] |

30. Sinais

letreiro (m)	маңдайша жазу	[maŋdajʃa ʒazu]
inscrição (f)	жазба	[ʒazba]
cartaz, póster (m)	плакат	[plakat]
sinal (m) informativo	көрсеткіш	[kørsetkiʃ]
seta (f)	тіл	[til]

aviso (advertência)	алдын-ала ескерту	[aldin ala eskertu]
sinal (m) de aviso	ескерту	[eskertu]
avisar, advertir (vt)	ескерту	[eskertu]

dia (m) de folga	демалыс күні	[demalis kʉni]
horário (m)	кесте	[keste]
horário (m) de funcionamento	жұмыс сағаттары	[ʒumis saɣattari]

BEM-VINDOS!	ҚОШ КЕЛДІҢІЗДЕР!	[qoʃ keldiŋizder]
ENTRADA	КІРУ	[kiru]
SAÍDA	ШЫҒУ	[ʃiɣu]

EMPURRE	ИТЕРУ	[ıteru]
PUXE	ТАРТУ	[tartu]
ABERTO	АШЫҚ	[aʃiq]

FECHADO	ЖАБЫҚ	[ʒabiq]
MULHER	ӘЙЕЛДЕР	[æjelder]
HOMEM	ЕРКЕКТЕР	[ɛrkekter]

DESCONTOS	ЖЕҢІЛДІКТЕР	[ʒeŋildikter]
SALDOS	КӨТЕРЕ САТУ	[køtere satu]
NOVIDADE!	ЖАҢАЛЫҚ!	[ʒaŋaliq]
GRÁTIS	АҚЫСЫЗ	[aqisiz]

ATENÇÃO!	НАЗАР АУДАРЫҢЫЗ!	[nazar audariŋiz]
NÃO HÁ VAGAS	ОРЫН ЖОҚ	[orin ʒoq]
RESERVADO	БРОНЬДАЛҒАН	[bronʲdalɣan]

ADMINISTRAÇÃO	ӘКІМШІЛІК	[ækimʃilik]
SOMENTE PESSOAL	ТЕК ҚЫЗМЕТКЕРЛЕР	[tek qizmetkerler
AUTORIZADO	ҮШІН	üʃin]

CUIDADO CÃO FEROZ	ҚАБАҒАН ИТ	[qabaɣan ıt]
PROIBIDO FUMAR!	ТЕМЕКІ ШЕКПЕҢІЗ!	[temeki ʃækpeŋiz]
NÃO TOCAR	ҚОЛМЕН ҰСТАМАҢЫЗ!	[qolmen ʊstamaŋiz]

PERIGOSO	ҚАУІПТІ	[qawipti]
PERIGO	ҚАУІП-ҚАТЕР	[qawip qater]
ALTA TENSÃO	ЖОҒАРЫ КЕРНЕУ	[ʒoɣari kerneu]
PROIBIDO NADAR	ШОМЫЛУҒА ТЫЙЫМ САЛЫНАДЫ	[ʃomiluɣa tijim salinadi]

| AVARIADO | ІСТЕМЕЙДІ | [istemejdi] |

INFLAMÁVEL	ӨРТЕНГІШ	[ørtengiʃ]
PROIBIDO	ТЫЙЫМ САЛЫНАДЫ	[tijim salinadi]
ENTRADA PROIBIDA	ӨТУГЕ ТЫЙЫМ САЛЫНАДЫ	[øtuge tijim salinadi]
CUIDADO TINTA FRESCA	БОЯУЛЫ	[bojauli]

31. Compras

comprar (vt)	сатып алу	[satip alu]
compra (f)	сатып алынған зат	[satip alinɣan zat]
fazer compras	сауда жасау	[sauda ʒasau]
compras (f pl)	шоппинг	[ʃoppıng]

| estar aberta (loja, etc.) | жұмыс істеу | [ʒumis isteu] |
| estar fechada | жабылу | [ʒabilu] |

calçado (m)	аяқ киім	[ajaq kiim]
roupa (f)	киім	[kiim]
cosméticos (m pl)	косметика	[kosmetika]
alimentos (m pl)	азық-түлік	[aziq tülik]
presente (m)	сыйлық	[sijliq]

vendedor (m)	сатушы	[satuʃi]
vendedora (f)	сатушы	[satuʃi]
caixa (f)	касса	[kassa]
espelho (m)	айна	[ajna]

| balcão (m) | сатушы сөресі | [satuʃi søresi] |
| cabine (f) de provas | киіну бөлмесі | [kiinu bølmesi] |

provar (vt)	шақтап көру	[ʃaqtap køru]
servir (vi)	жарасу	[ʒarasu]
gostar (apreciar)	ұнау	[ʊnau]

preço (m)	баға	[baɣa]
etiqueta (f) de preço	бағалық	[baɣaliq]
custar (vt)	тұру	[tʊru]
Quanto?	Қанша?	[qanʃa]
desconto (m)	шегерім	[ʃægerim]

não caro	қымбат емес	[qimbat emes]
barato	арзан	[arzan]
caro	қымбат	[qimbat]
É caro	бұл қымбат	[bʊl qimbat]

aluguer (m)	жалға беру	[ʒalɣa beru]
alugar (vestidos, etc.)	жалға алу	[ʒalɣa alu]
crédito (m)	несие	[nesie]
a crédito	несиеге	[nesiege]

VESTUÁRIO & ACESSÓRIOS

32. Roupa exterior. Casacos

roupa (f)	киім	[kıim]
roupa (f) exterior	сыртқы киім	[sirtqi kıim]
roupa (f) de inverno	қысқы киім	[qisqi kıim]
sobretudo (m)	шапан	[ʃapan]
casaco (m) de peles	тон	[ton]
casaco curto (m) de peles	қысқа тон	[qisqa ton]
casaco (m) acolchoado	тұлып тон	[tʊlip ton]
casaco, blusão (m)	куртка	[kurtka]
impermeável (m)	жадағай	[ʒadaɣaj]
impermeável	су өтпейтін	[su øtpejtin]

33. Vestuário de homem & mulher

camisa (f)	көйлек	[køjlek]
calças (f pl)	шалбар	[ʃalbar]
calças (f pl) de ganga	джинсы	[dʒınsi]
casaco (m) de fato	пиджак	[pıdʒak]
fato (m)	костюм	[kostjum]
vestido (ex. ~ vermelho)	көйлек	[køjlek]
saia (f)	белдемше	[beldemʃæ]
blusa (f)	блузка	[bluzka]
casaco (m) de malha	кеудеше	[keudeʃæ]
T-shirt, camiseta (f)	футболка	[futbolka]
calções (Bermudas, etc.)	дамбал	[dambal]
fato (m) de treino	спорттық костюм	[sporttiq kostjum]
roupão (m) de banho	шапан	[ʃapan]
pijama (m)	түнгі жейде	[tʊngi ʒejde]
suéter (m)	свитер	[svıter]
pulôver (m)	пуловер	[pulover]
colete (m)	желетке	[ʒeletke]
fraque (m)	фрак	[frak]
smoking (m)	смокинг	[smokıng]
uniforme (m)	бірыңғай формалы киімдер	[birıŋɣaj formali kıimder]
roupa (f) de trabalho	жұмыс киімі	[ʒʊmis kıimi]
fato-macaco (m)	комбинезон	[kombınezon]
bata (~ branca, etc.)	шапан	[ʃapan]

34. Vestuário. Roupa interior

roupa (f) interior	іш киім	[iʃ kıim]
camisola (f) interior	ішкөйлек	[iʃkøjlek]
peúgas (f pl)	шұлық	[ʃuɫiq]
camisa (f) de noite	түнгі көйлек	[tʉngi køjlek]
sutiã (m)	кеудеше	[keudeʃæ]
meias longas (f pl)	гольф	[golʲf]
meia-calça (f)	шұлықдамбал	[ʃuɫiqdambal]
meias (f pl)	шұлық	[ʃuɫiq]
fato (m) de banho	шомылу костюмі	[ʃomıɫu kostjumi]

35. Adereços de cabeça

chapéu (m)	телпек	[telpek]
chapéu (m) de feltro	қалпақ	[qalpaq]
boné (m) de beisebol	бейсболка	[bejsbolka]
boné (m)	кепеш	[kepeʃ]
boina (f)	берет	[beret]
capuz (m)	капюшон	[kapjuʃon]
panamá (m)	панама	[panama]
gorro (m) de malha	тоқыма телпек	[toqima telpek]
lenço (m)	орамал	[oramal]
chapéu (m) de mulher	қалпақша	[qalpaqʃa]
capacete (m) de proteção	каска	[kaska]
bibico (m)	пилотка	[pılotka]
capacete (m)	дулыға	[duliɣa]
chapéu-coco (m)	котелок	[kotelok]
chapéu (m) alto	цилиндр	[tsılındr]

36. Calçado

calçado (m)	аяқ киім	[ajaq kıim]
botinas (f pl)	бәтеңке	[bæteŋke]
sapatos (de salto alto, etc.)	туфли	[tuflı]
botas (f pl)	етік	[etik]
pantufas (f pl)	тәпішке	[tæpiʃke]
ténis (m pl)	кроссовкалар	[krossovkalar]
sapatilhas (f pl)	кеды	[kedi]
sandálias (f pl)	сандал	[sandal]
sapateiro (m)	аяқ киім жамаушы	[ajaq kıim ʒamauʃi]
salto (m)	тақа	[taqa]
par (m)	қос	[qos]
atacador (m)	бау	[bau]

apertar os atacadores	байлау	[bajlau]
calçadeira (f)	аяқ киімге қасық	[ajaq kıimɣe qasiq]
graxa (f) para calçado	аяқ киімге жағатын кірем	[ajaq kıimɣe ʒaɣatin kirem]

37. Acessórios pessoais

luvas (f pl)	биялай	[bıjalaj]
mitenes (f pl)	қолғап	[qolɣap]
cachecol (m)	шарф	[ʃarf]

óculos (m pl)	көзілдірік	[køzildirik]
armação (f) de óculos	жиектеме	[ʒıekteme]
guarda-chuva (m)	қол шатыр	[qol ʃatir]
bengala (f)	таяқ	[tajaq]
escova (f) para o cabelo	тарақ	[taraq]
leque (m)	желпігіш	[ʒelpigiʃ]

gravata (f)	галстук	[galstuk]
gravata-borboleta (f)	галстук-көбелек	[galstuk købelek]
suspensórios (m pl)	аспа	[aspa]
lenço (m)	қол орамал	[qol oramal]

pente (m)	тарақ	[taraq]
travessão (m)	шаш қыстырғыш	[ʃaʃ qistirɣiʃ]
gancho (m) de cabelo	шаш түйрегіш	[ʃaʃ tujregiʃ]
fivela (f)	айылбас	[ajilbas]

| cinto (m) | белдік | [beldik] |
| correia (f) | белдік | [beldik] |

mala (f)	сөмке	[sømke]
mala (f) de senhora	әйел сөмкесі	[æjel sømkesi]
mochila (f)	жолдорба	[ʒoldorba]

38. Vestuário. Diversos

moda (f)	сән	[sæn]
na moda	сәнді	[sændi]
estilista (m)	үлгіші	[ʉlgiʃi]

colarinho (m), gola (f)	жаға	[ʒaɣa]
bolso (m)	қалта	[qalta]
de bolso	қалта	[qalta]
manga (f)	жең	[ʒeŋ]
alcinha (f)	ілгіш	[ilgiʃ]
braguilha (f)	ілгек	[ilgek]

fecho (m) de correr	ілгек	[ilgek]
fecho (m), colchete (m)	ілгек	[ilgek]
botão (m)	түйме	[tujme]
casa (f) de botão	желкелік	[ʒelkelik]

soltar-se (vr)	түймені үзіп алу	[tɥjmeni ɥzip alu]
coser, costurar (vi)	тігу	[tigu]
bordar (vt)	кесте тігу	[keste tigu]
bordado (m)	кесте	[keste]
agulha (f)	ине	[ɪne]
fio (m)	жіп	[ʒip]
costura (f)	тігіс	[tigis]

sujar-se (vr)	былғану	[bɨlɣanu]
mancha (f)	дақ	[daq]
engelhar-se (vr)	қырыстанып қалу	[qɨristanip qalu]
rasgar (vt)	жырту	[ʒɨrtu]
traça (f)	күйе	[kɥje]

39. Cuidados pessoais. Cosméticos

pasta (f) de dentes	тіс пастасы	[tis pastasɨ]
escova (f) de dentes	мәсуек	[mæsuek]
escovar os dentes	тіс тазалау	[tis tazalau]

máquina (f) de barbear	ұстара	[ʊstara]
creme (m) de barbear	қырынуға арналған крем	[qɨrinuɣa arnalɣan krem]
barbear-se (vr)	қырыну	[qɨrinu]

sabonete (m)	сабын	[sabɨn]
champô (m)	сусабын	[susabɨn]

tesoura (f)	қайшы	[qajʃɨ]
lima (f) de unhas	тырнақ егеуіш	[tɨrnaq egewiʃ]
corta-unhas (m)	тістеуік	[tistewik]
pinça (f)	іскек	[iskek]

cosméticos (m pl)	косметика	[kosmetɪka]
máscara (f) facial	маска	[maska]
manicura (f)	маникюр	[manɪkjur]
fazer a manicura	маникюр жасау	[manɪkjur ʒasau]
pedicure (f)	педикюр	[pedɪkjur]

mala (f) de maquilhagem	бояулар салатын сомке	[bojaular salatɨn somke]
pó (m)	опа	[opa]
caixa (f) de pó	опа сауыт	[opa sawɨt]
blush (m)	еңлік	[eŋlik]

perfume (m)	иіс су	[ɪis su]
água (f) de toilette	иіссу	[ɪissu]
loção (f)	лосьон	[losʲon]
água-de-colónia (f)	әтір	[ætir]

sombra (f) de olhos	қабақ бояуы	[qabaq bojawɨ]
lápis (m) delineador	көзге арналған қарындаш	[kɵzge arnalɣan qarindaʃ]
máscara (f), rímel (m)	кірпік сүрмесі	[kirpik sɥrmesi]

batom (m)	ерін далабы	[erin dalabɨ]
verniz (m) de unhas	тырнақ арналған лак	[tɨrnaq arnalɣan lak]

laca (f) para cabelos	шашқа арналған лак	[ʃaʃqa arnalɣan lak]
desodorizante (m)	дезодорант	[dezodorant]

creme (m)	иісмай	[ɪismaj]
creme (m) de rosto	бетке арналған крем	[betke arnalɣan krem]
creme (m) de mãos	қолға арналған крем	[qolɣa arnalɣan krem]
creme (m) antirrugas	әжімге қарсы кремі	[æʒimge qarsɪ kremi]
de dia	күндізгі иісмай	[kundizgi ɪismaj]
da noite	түнгі иісмай	[tungi ɪismaj]

tampão (m)	тықпа	[tiqpa]
papel (m) higiénico	дәрет қағазы	[dæret qaɣazɪ]
secador (m) elétrico	шаш кептіргіш	[ʃaʃ keptirgiʃ]

40. Relógios de pulso. Relógios

relógio (m) de pulso	сағат	[saɣat]
mostrador (m)	циферблат	[tsɪferblat]
ponteiro (m)	тіл	[til]
bracelete (f) em aço	білезік	[bilezik]
bracelete (f) em couro	таспа	[taspa]

pilha (f)	батарейка	[batarejka]
descarregar-se	батарейка отырып қалды	[batarejka otɪrip qaldɪ]
trocar a pilha	батарейканы ауыстыру	[batarejkanɪ awistɪru]
estar adiantado	асығу	[asɪɣu]
estar atrasado	кейіндеу	[kejindeu]

relógio (m) de parede	қабырға сағат	[qabɪrɣa saɣat]
ampulheta (f)	құм сағат	[qum saɣat]
relógio (m) de sol	күн сағаты	[kun saɣatɪ]
despertador (m)	оятар	[ojatar]
relojoeiro (m)	сағатшы	[saɣatʃɪ]
reparar (vt)	жөндеу	[ʒøndeu]

EXPERIÊNCIA DO QUOTIDIANO

41. Dinheiro

dinheiro (m)	ақша	[aqʃa]
câmbio (m)	айырбастау	[ajirbastau]
taxa (f) de câmbio	курс	[kurs]
Caixa Multibanco (m)	банкомат	[bankomat]
moeda (f)	тиын	[tɪin]
dólar (m)	доллар	[dollar]
euro (m)	еуро	[euro]
lira (f)	лира	[lɪra]
marco (m)	марка	[marka]
franco (m)	франк	[frank]
libra (f) esterlina	фунт-стерлинг	[funt sterlɪŋ]
iene (m)	йена	[jena]
dívida (f)	қарыз	[qariz]
devedor (m)	қарыздар	[qarizdar]
emprestar (vt)	қарызға беру	[qarizɣa beru]
pedir emprestado	қарызға алу	[qarizɣa alu]
banco (m)	банкі	[banki]
conta (f)	шот	[ʃot]
depositar na conta	шотқа салу	[ʃotqa salu]
levantar (vt)	шоттан шығару	[ʃottan ʃiɣaru]
cartão (m) de crédito	кредиттік карта	[kredɪttik karta]
dinheiro (m) vivo	қолма-қол ақша	[qolma qol aqʃa]
cheque (m)	чек	[tʃek]
passar um cheque	чек жазу	[tʃek ʒazu]
livro (m) de cheques	чек кітапшасы	[tʃek kitapʃasi]
carteira (f)	әмиян	[æmɪjan]
porta-moedas (m)	әмиян	[æmɪjan]
cofre (m)	жағдан	[ʒaɣdan]
herdeiro (m)	мұрагер	[mʊrager]
herança (f)	мұра	[mʊra]
fortuna (riqueza)	дәулет	[dæulet]
arrendamento (m)	жалгерлік	[ʒalgerlik]
renda (f) de casa	пәтер ақы	[pæter aqi]
alugar (vt)	жалға алу	[ʒalɣa alu]
preço (m)	баға	[baɣa]
custo (m)	баға	[baɣa]
soma (f)	сома	[soma]

gastar (vt)	шығын қылу	[ʃiɣin qilu]
gastos (m pl)	шығындар	[ʃiɣindar]
economizar (vi)	үнемдеу	[ʉnemdeu]
económico	үнемді	[ʉnemdi]

pagar (vt)	төлеу	[tøleu]
pagamento (m)	төлем-ақы	[tølem aqi]
troco (m)	қайыру	[qajiru]

imposto (m)	салық	[saliq]
multa (f)	айыппұл	[ajippʊl]
multar (vt)	айып салу	[ajip salu]

42. Correios. Serviço postal

correios (m pl)	пошта	[poʃta]
correio (m)	пошта, хат және	[poʃta], [hat ʒæne]
carteiro (m)	пошташы	[poʃtaʃi]
horário (m)	жұмыс сағаттары	[ʒʊmis saɣattari]

carta (f)	хат	[hat]
carta (f) registada	тапсырыс хат	[tapsiris hat]
postal (m)	ашық хат	[aʃiq hat]
telegrama (m)	жеделхат	[ʒedelhat]
encomenda (f) postal	сәлемдеме	[sælemdeme]
remessa (f) de dinheiro	ақша аударылымы	[aqʃa audarilimi]

receber (vt)	алу	[alu]
enviar (vt)	жіберу	[ʒiberu]
envio (m)	жөнелту	[ʒøneltu]

endereço (m)	мекен жай	[meken ʒaj]
código (m) postal	индекс	[ındeks]
remetente (m)	жөнелтуші	[ʒøneltuʃi]
destinatário (m)	алушы	[aluʃi]

| nome (m) | ат | [at] |
| apelido (m) | фамилия | [famılıja] |

tarifa (f)	тариф	[tarıf]
ordinário	кәдімгі	[kædimgi]
económico	үнемді	[ʉnemdi]

peso (m)	салмақ	[salmaq]
pesar (estabelecer o peso)	өлшеу	[ølʃæu]
envelope (m)	конверт	[konvert]
selo (m)	марка	[marka]

43. Banca

| banco (m) | банк | [bank] |
| sucursal, balcão (f) | бөлімше | [bølimʃæ] |

consultor (m)	кеңесші	[keŋesʃi]
gerente (m)	басқарушы	[basqaruʃi]
conta (f)	шот	[ʃot]
número (m) da conta	шот нөмірі	[ʃot nømiri]
conta (f) corrente	ағымдағы есепшот	[aɣimdaɣɨ esepʃot]
conta (f) poupança	жинақтаушы шот	[ʒɨnaqtauʃɨ ʃot]
abrir uma conta	шот ашу	[ʃot aʃu]
fechar uma conta	шот жабу	[ʃot ʒabu]
depositar na conta	шотқа салу	[ʃotqa salu]
levantar (vt)	шоттан алу	[ʃottan alu]
depósito (m)	салым	[salɨm]
fazer um depósito	салым жасау	[salɨm ʒasau]
transferência (f) bancária	аударылым	[audarɨlɨm]
transferir (vt)	аударылым жасау	[audarɨlɨm ʒasau]
soma (f)	сома	[soma]
Quanto?	Қанша?	[qanʃa]
assinatura (f)	қол таңба	[qol taŋba]
assinar (vt)	қол қою	[qol qoju]
cartão (m) de crédito	кредиттік карта	[kredɪttik karta]
código (m)	код	[kod]
número (m) do cartão de crédito	кредиттік картаның нөмірі	[kredɪttik kartaniŋ nømiri]
Caixa Multibanco (m)	банкомат	[bankomat]
cheque (m)	чек	[ʧek]
passar um cheque	чек жазу	[ʧek ʒazu]
livro (m) de cheques	чек кітапшасы	[ʧek kitapʃasɨ]
empréstimo (m)	несие	[nesɪe]
pedir um empréstimo	несие жайында өтінішпен бару	[nesɪe ʒajinda ötiniʃpen baru]
obter um empréstimo	несие алу	[nesɪe alu]
conceder um empréstimo	несие беру	[nesɪe beru]
garantia (f)	кепілдеме	[kepildeme]

44. Telefone. Conversação telefónica

telefone (m)	телефон	[telefon]
telemóvel (m)	ұялы телефон	[ujalɨ telefon]
secretária (f) electrónica	автожауапшы	[avtoʒawapʃɨ]
fazer uma chamada	қоңырау шалу	[qoŋɨrau ʃalu]
chamada (f)	қоңырау	[qoŋɨrau]
marcar um número	нөмірді теру	[nømirdi teru]
Alô!	Алло!	[allo]
perguntar (vt)	сұрау	[suɾau]
responder (vt)	жауап беру	[ʒawap beru]

ouvir (vt)	есту	[estu]
bem	жақсы	[ʒaqsɨ]
mal	жаман	[ʒaman]
ruído (m)	бөгеттер	[bøgetter]

auscultador (m)	трубка	[trubka]
pegar o telefone	трубканы алу	[trubkanɨ alu]
desligar (vi)	трубканы салу	[trubkanɨ salu]

ocupado	бос емес	[bos emes]
tocar (vi)	шылдырлау	[ʃɨldɨrlau]
lista (f) telefónica	телефон кітабы	[telefon kitabɨ]

local	жергілікті	[ʒergilikti]
de longa distância	қалааралық	[qalaaralɨq]
internacional	халықаралық	[halɨqaralɨq]

45. Telefone móvel

telemóvel (m)	ұялы телефон	[ujalɨ telefon]
ecrã (m)	дисплей	[dɨsplej]
botão (m)	түйме	[tujme]
cartão SIM (m)	SIM-карта	[sim karta]

bateria (f)	батарея	[batareja]
descarregar-se	тогынан айырылу	[togɨnan ajɨrɨlu]
carregador (m)	зарядттау құрылғысы	[zarjadttau qurɨlɣɨsɨ]

menu (m)	меню	[menju]
definições (f pl)	қалпына келтіру	[qalpɨna keltiru]
melodia (f)	әуен	[æwen]
escolher (vt)	таңдау	[taŋdau]

calculadora (f)	калькулятор	[kalʲkuljator]
correio (m) de voz	автожауапшы	[avtoʒawapʃɨ]
despertador (m)	оятар	[ojatar]
contatos (m pl)	телефон кітабы	[telefon kitabɨ]

mensagem (f) de texto	SMS-хабарлама	[ɛsɛmɛs habarlama]
assinante (m)	абонент	[abonent]

46. Estacionário

caneta (f)	автоқалам	[avtoqalam]
caneta (f) tinteiro	қаламұш	[qalamuʃ]

lápis (m)	қарындаш	[qarɨndaʃ]
marcador (m)	маркер	[marker]
caneta (f) de feltro	фломастер	[flomaster]

bloco (m) de notas	блокнот	[bloknot]
agenda (f)	күнделік	[kundelik]

régua (f)	сызғыш	[sizɣiʃ]
calculadora (f)	калькулятор	[kalʲkuljator]
borracha (f)	өшіргіш	[øʃirgiʃ]
pionés (m)	жапсырма шеге	[ʒapsirma ʃæge]
clipe (m)	қыстырғыш	[qistirɣiʃ]

cola (f)	желім	[ʒɛlim]
agrafador (m)	степлер	[stepler]
furador (m)	тескіш	[teskiʃ]
afia-lápis (m)	қайрағыш	[qajraɣiʃ]

47. Línguas estrangeiras

língua (f)	тіл	[til]
estrangeiro	шетелдік	[ʃæteldik]
língua (f) estrangeira	зерттеу	[zertteu]
estudar (vt)	үйрену	[ʉjrenu]

ler (vt)	оқу	[oqu]
falar (vi)	сөйлеу	[søjleu]
compreender (vt)	түсіну	[tʉsinu]
escrever (vt)	жазу	[ʒazu]

rapidamente	тез	[tez]
devagar	баяу	[bajau]
fluentemente	еркін	[erkin]

regras (f pl)	ережелер	[ereʒeler]
gramática (f)	грамматика	[grammatika]
vocabulário (m)	лексика	[leksika]
fonética (f)	фонетика	[fonetika]

manual (m) escolar	оқулық	[okuliq]
dicionário (m)	сөздік	[søzdik]
manual (m) de autoaprendizagem	өздігінен үйреткіш	[øzdiginen ʉjretkiʃ]
guia (m) de conversação	тілашар	[tilaʃar]

cassete (f)	кассета	[kasseta]
vídeo cassete (m)	бейнетаспа	[bejnetaspa]
CD (m)	CD, компакт-дискі	[si di], [kompakt diski]
DVD (m)	DVD	[dividi]

alfabeto (m)	алфавит	[alfavit]
soletrar (vt)	әріптер бойынша айту	[æripter bojinʃa ajtu]
pronúncia (f)	айтылыс	[ajtilis]

sotaque (m)	акцент	[aktsent]
com sotaque	акцентпен	[aktsentpen]
sem sotaque	акцентсіз	[aktsentsiz]

palavra (f)	сөз	[søz]
sentido (m)	мағына	[maɣina]
cursos (m pl)	курстар	[kurstar]

| inscrever-se (vr) | жазылу | [ʒazilu] |
| professor (m) | оқытушы | [oqituʃi] |

tradução (processo)	аудару	[audaru]
tradução (texto)	аударма	[audarma]
tradutor (m)	аударушы	[audaruʃi]
intérprete (m)	аударушы	[audaruʃi]

| poliglota (m) | көп тіл білгіш | [køp til bilgiʃ] |
| memória (f) | ес | [es] |

REFEIÇÕES. RESTAURANTE

48. Por a mesa

colher (f)	қасық	[qasïq]
faca (f)	пышақ	[pïʃaq]
garfo (m)	шанышқы	[ʃanïʃqï]
chávena (f)	шыныаяқ	[ʃïnïajaq]
prato (m)	тәрелке	[tærelke]
pires (m)	табақша	[tabaqʃa]
guardanapo (m)	майлық	[majlïq]
palito (m)	тіс тазартқыш	[tis tazartqïʃ]

49. Restaurante

restaurante (m)	мейрамхана	[mejramhana]
café (m)	кофехана	[kofehana]
bar (m), cervejaria (f)	бар	[bar]
salão (m) de chá	шайхана	[ʃajhana]
empregado (m) de mesa	даяшы	[dajaʃï]
empregada (f) de mesa	даяшы	[dajaʃï]
barman (m)	бармен	[barmen]
ementa (f)	мәзір	[mæzir]
lista (f) de vinhos	шарап картасы	[ʃarap kartasi]
reservar uma mesa	бронды үстел	[brondï üstel]
prato (m)	тамақ	[tamaq]
pedir (vt)	тапсырыс беру	[tapsïrïs beru]
fazer o pedido	тапсырыс жасау	[tapsïrïs ʒasau]
aperitivo (m)	аперитив	[aperïtïv]
entrada (f)	дәмтатым	[dæmtatïm]
sobremesa (f)	десерт	[desert]
conta (f)	есеп	[esep]
pagar a conta	есеп бойынша төлеу	[esep bojïnʃa töleu]
dar o troco	төленгеннің артығын беру	[tölengeniŋ artïɣïn beru]
gorjeta (f)	шайлық	[ʃajlïq]

50. Refeições

comida (f)	тамақ	[tamaq]
comer (vt)	жеу	[ʒeu]

pequeno-almoço (m)	ертеңгілік тамақ	[erteŋgilik tamaq]
tomar o pequeno-almoço	ертеңгі тамақты ішу	[erteŋgi tamaqtï iʃu]
almoço (m)	түскі тамақ	[tüski tamaq]
almoçar (vi)	түскі тамақ жеу	[tüski tamaq ʒeu]
jantar (m)	кешкі тамақ	[keʃki tamaq]
jantar (vi)	кешкі тамақ ішу	[keʃki tamaq iʃu]

apetite (m)	тәбет	[tæbet]
Bom apetite!	Ас болсын!	[as bolsïn]

abrir (~ uma lata, etc.)	аш	[aʃ]
derramar (vt)	төгу	[tøgu]
derramar-se (vr)	төгілу	[tøgilu]

ferver (vi)	қайнау	[qajnau]
ferver (vt)	қайнату	[qajnatu]
fervido	қайнатылған	[qajnatilɣan]
arrefecer (vt)	салқындату	[salqïndatu]
arrefecer-se (vr)	салқындау	[salqïndau]

sabor, gosto (m)	талғам	[talɣam]
gostinho (m)	татым	[tatïm]

fazer dieta	арықтау	[arïqtau]
dieta (f)	диета	[dïeta]
vitamina (f)	дәрумен	[dærumen]
caloria (f)	калория	[kalorïja]
vegetariano (m)	вегетариан	[vegetarïan]
vegetariano	вегетариандық	[vegetarïandïq]

gorduras (f pl)	майлар	[majlar]
proteínas (f pl)	ақуыз	[aquïz]
carboidratos (m pl)	көміртегі	[kømirtegi]
fatia (~ de limão, etc.)	тілім	[tilim]
pedaço (~ de bolo)	кесек	[kesek]
migalha (f)	үзім	[üzim]

51. Pratos cozinhados

prato (m)	тағам	[taɣam]
cozinha (~ portuguesa)	ұлттық тағамдар	[ulttïq taɣamdar]
receita (f)	рецепт	[retsept]
porção (f)	мөлшер	[mølʃær]

salada (f)	салат	[salat]
sopa (f)	көже	[køʒe]

caldo (m)	сорпа	[sorpa]
sandes (f)	бутерброд	[buterbrod]
ovos (m pl) estrelados	қуырылған жұмыртқа	[quïrïlɣan ʒumïrtqa]

hambúrguer (m)	гамбургер	[gamburger]
bife (m)	бифштекс	[bïfʃteks]
conduto (m)	гарнир	[garnïr]

espaguete (m)	спагетти	[spagettı]
puré (m) de batata	картоп езбесі	[kartop ezbesi]
pizza (f)	пицца	[pıtsa]
papa (f)	ботқа	[botqa]
omelete (f)	омлет	[omlet]

cozido em água	пісірілген	[pisirilgen]
fumado	ысталған	[istalɣan]
frito	қуырылған	[quirilɣan]
seco	кептірілген	[keptirilgen]
congelado	мұздатылған	[muzdatilɣan]
em conserva	маринадталған	[marınadtalɣan]

doce (açucarado)	тәтті	[tætti]
salgado	тұзды	[tuzdi]
frio	суық	[suiq]
quente	ыстық	[istiq]
amargo	ащы	[aɕi]
gostoso	дәмді	[dæmdi]

cozinhar (em água a ferver)	пісіру	[pisiru]
fazer, preparar (vt)	әзірлеу	[æzirleu]
fritar (vt)	қуыру	[quiru]
aquecer (vt)	ысыту	[isitu]

salgar (vt)	тұздау	[tuzdau]
apimentar (vt)	бұрыш салу	[buriʃ salu]
ralar (vt)	үйкеу	[ujkeu]
casca (f)	қабық	[qabiq]
descascar (vt)	аршу	[arʃu]

52. Comida

carne (f)	ет	[et]
galinha (f)	тауық	[tawiq]
frango (m)	балапан	[balapan]
pato (m)	үйрек	[ujrek]
ganso (m)	қаз	[qaz]
caça (f)	құс	[qus]
peru (m)	түйетауық	[tujetawiq]

carne (f) de porco	шошқа еті	[ʃoʃqa eti]
carne (f) de vitela	бұзау еті	[buzau eti]
carne (f) de carneiro	қой еті	[qoj eti]
carne (f) de vaca	сиыр еті	[siir eti]
carne (f) de coelho	қоян еті	[qojan eti]

chouriço, salsichão (m)	шұжық	[ʃuʒiq]
salsicha (f)	сосиска	[sosiska]
bacon (m)	бекон	[bekon]
fiambre (f)	ветчина	[vetʃina]
presunto (m)	сан ет	[san et]
patê (m)	бұқтырлған ет	[buqtirlɣan et]
fígado (m)	бауыр	[bawir]

| carne (f) moída | турама | [turama] |
| língua (f) | тіл | [til] |

ovo (m)	жұмыртқа	[ʒumɨrtqa]
ovos (m pl)	жұмыртқалар	[ʒumɨrtqalar]
clara (f) do ovo	ақуыз	[aquɨz]
gema (f) do ovo	сарыуыз	[sarɨwɨz]

peixe (m)	балық	[balɨq]
mariscos (m pl)	теңіз азығы	[teŋiz azɨɣɨ]
crustáceos (m pl)	шаян тәрізділер	[ʃajan tærizdiler]
caviar (m)	уылдырық	[wɨldɨriq]

caranguejo (m)	таңқышаян	[taŋqiʃajan]
camarão (m)	асшаян	[asʃajan]
ostra (f)	устрица	[ustrɨtsa]
lagosta (f)	лангуст	[langust]
polvo (m)	сегізаяқ	[segizajaq]
lula (f)	кальмар	[kalʲmar]

esturjão (m)	бекіре еті	[bekire eti]
salmão (m)	арқан балық	[arqan balɨq]
halibute (m)	палтус	[paltus]

bacalhau (m)	нәлім	[nælim]
cavala, sarda (f)	скумбрия	[skumbrɨja]
atum (m)	тунец	[tunets]
enguia (f)	жыланбалық	[ʒɨłanbalɨq]

truta (f)	бахтах	[bahtah]
sardinha (f)	сардина	[sardɨna]
lúcio (m)	шортан	[ʃortan]
arenque (m)	майшабақ	[majʃabaq]

pão (m)	нан	[nan]
queijo (m)	ірімшік	[irimʃik]
açúcar (m)	қант	[qant]
sal (m)	тұз	[tuz]

arroz (m)	күріш	[kuriʃ]
massas (f pl)	түтік кеспе	[tutik kespe]
talharim (m)	кеспе	[kespe]

manteiga (f)	сарымай	[sarɨmaj]
óleo (m) vegetal	өсімдік майы	[øsimdik majɨ]
óleo (m) de girassol	күнбағыс майы	[kunbaɣɨs majɨ]
margarina (f)	маргарин	[margarɨn]

| azeitonas (f pl) | зәйтүн | [zæjtun] |
| azeite (m) | зәйтүн майы | [zæjtun majɨ] |

leite (m)	сүт	[sut]
leite (m) condensado	қоюлатқан сүт	[qojulatqan sut]
iogurte (m)	йогурт	[jogurt]
nata (f) azeda	қаймақ	[qajmaq]
nata (f) do leite	кілегей	[kilegej]

| maionese (f) | майонез | [majonez] |
| creme (m) | крем | [krem] |

grãos (m pl) de cereais	жарма	[ʒarma]
farinha (f)	ұн	[ʊn]
enlatados (m pl)	консервілер	[konserviler]

flocos (m pl) de milho	жүгері жапалақтары	[ʒʉgeri ʒapalaqtari]
mel (m)	бал	[bal]
doce (m)	джем	[dʒem]
pastilha (f) elástica	сағыз	[saɣɨz]

53. Bebidas

água (f)	су	[su]
água (f) potável	iшетін су	[iʃætin su]
água (f) mineral	минералды су	[mɪneraldɨ su]

sem gás	газсыз	[gazsɨz]
gaseificada	газдалған	[gazdalɣan]
com gás	газдалған	[gazdalɣan]
gelo (m)	мұз	[mʊz]
com gelo	мұзбен	[mʊzben]

sem álcool	алкогольсыз	[alkogolʲsiz]
bebida (f) sem álcool	алкогольсыз сусын	[alkogolʲsiz susɪn]
refresco (m)	салқындататын сусын	[salqɪndatatɪn susɪn]
limonada (f)	лимонад	[lɪmonad]

bebidas (f pl) alcoólicas	алкогольды ішімдіктер	[alkogolʲdɨ iʃimdikter]
vinho (m)	шарап	[ʃarap]
vinho (m) branco	ақшарап	[aqʃarap]
vinho (m) tinto	қызыл шарап	[qɨzɨl ʃarap]

licor (m)	ликер	[lɪker]
champanhe (m)	аққайнар	[aqqajnar]
vermute (m)	вермут	[vermut]

uísque (m)	виски	[vɪskɪ]
vodka (f)	арақ	[araq]
gim (m)	жын	[ʒin]
conhaque (m)	коньяк	[konʲak]
rum (m)	ром	[rom]

café (m)	кофе	[kofe]
café (m) puro	қара кофе	[qara kofe]
café (m) com leite	кофе сүтпен	[kofe sʉtpen]
cappuccino (m)	кофе кілегеймен	[kofe kilegejmen]
café (m) solúvel	ерігіш кофе	[erigiʃ kofe]

leite (m)	сүт	[sʉt]
coquetel (m)	коктейль	[koktejlʲ]
batido (m) de leite	сүт коктейлі	[sʉt koktejli]
sumo (m)	шырын	[ʃirin]

sumo (m) de tomate	қызанақ шырыны	[qizanaq ʃirini]
sumo (m) de laranja	апельсин шырыны	[apelʲsın ʃirini]
sumo (m) fresco	жаңа сығылған шырын	[ʒaŋa siɣilɣan ʃirin]

cerveja (f)	сыра	[sira]
cerveja (f) clara	ақшыл сыра	[aqʃil sira]
cerveja (f) preta	қараңғы сырасы	[qaraŋɣi sirasi]

chá (m)	шай	[ʃaj]
chá (m) preto	қара шай	[qara ʃaj]
chá (m) verde	көк шай	[køk ʃaj]

54. Vegetais

legumes (m pl)	көкөністер	[køkønister]
verduras (f pl)	көкөніс	[køkønis]

tomate (m)	қызанақ	[qizanaq]
pepino (m)	қияр	[qijar]
cenoura (f)	сәбіз	[sæbiz]
batata (f)	картоп	[kartop]
cebola (f)	пияз	[pijaz]
alho (m)	сарымсақ	[sarimsaq]

couve (f)	қырыққабат	[qiriqqabat]
couve-flor (f)	түсті орамжапырақ	[tʉsti oramʒapiraq]

couve-de-bruxelas (f)	брюсель орамжапырағы	[brjuselʲ oramʒapiraɣi]
brócolos (m pl)	броккколи орамжапырағы	[brokkolı oramʒapiraɣi]

beterraba (f)	қызылша	[qizilʃa]
beringela (f)	кәді	[kædi]
curgete (f)	кәдіш	[kædiʃ]

abóbora (f)	асқабақ	[asqabaq]
nabo (m)	шалқан	[ʃalqan]

salsa (f)	ақжелкен	[aqʒelken]
funcho, endro (m)	аскөк	[askøk]
alface (f)	салат	[salat]
aipo (m)	балдыркөк	[baldirkøk]

espargo (m)	ақтық	[aqtiq]
espinafre (m)	саумалдық	[saumaldiq]

ervilha (f)	ноқат	[noqat]
fava (f)	ірі бұршақтар	[iri bʉrʃaqtar]

milho (m)	жүгері	[ʒʉgeri]
feijão (m)	үрме бұршақ	[ʉrme bʉrʃaq]

pimentão (m)	бұрыш	[bʉriʃ]
rabanete (m)	шалғам	[ʃalɣam]
alcachofra (f)	бөрікгүл	[børikgʉl]

55. Frutos. Nozes

fruta (f)	жеміс	[ʒemis]
maçã (f)	алма	[alma]
pera (f)	алмұрт	[almʊrt]
limão (m)	лимон	[lımon]
laranja (f)	апельсин	[apelʲsın]
morango (m)	құлпынай	[qʊlpɨnaj]
tangerina (f)	мандарин	[mandarın]
ameixa (f)	алхоры	[alhorɨ]
pêssego (m)	шабдалы	[ʃabdalɨ]
damasco (m)	өрік	[ørik]
framboesa (f)	таңқурай	[taŋquraj]
ananás (m)	ананас	[ananas]
banana (f)	банан	[banan]
melancia (f)	қарбыз	[qarbɨz]
uva (f)	жүзім	[ʒʉzim]
ginja (f)	кәдімгі шие	[kædɨmgɪ ʃie]
cereja (f)	қызыл шие	[qɨzɨl ʃie]
meloa (f)	қауын	[qawɨn]
toranja (f)	грейпфрут	[grejpfrut]
abacate (m)	авокадо	[avokado]
papaia (f)	папайя	[papaja]
manga (f)	манго	[mango]
romã (f)	анар	[anar]
groselha (f) vermelha	қызыл қарақат	[qɨzɨl qaraqat]
groselha (f) preta	қара қарақат	[qara qaraqat]
groselha (f) espinhosa	қарлыған	[qarlɨɣan]
mirtilo (m)	қара жидек	[qara ʒɨdek]
amora silvestre (f)	қожақат	[qoʒaqat]
uvas (f pl) passas	мейіз	[mejiz]
figo (m)	інжір	[inʒir]
tâmara (f)	құрма	[qʊrma]
amendoim (m)	жержаңғақ	[ʒerʒaŋɣaq]
amêndoa (f)	бадам	[badam]
noz (f)	жаңғақ	[ʒaŋɣaq]
avelã (f)	ағаш жаңғағы	[aɣaʃ ʒaŋɣaɣɨ]
coco (m)	кокос жаңғақ	[kokos ʒaŋɣaq]
pistáchios (m pl)	пісте	[piste]

56. Pão. Bolaria

pastelaria (f)	кондитер бұйымдары	[kondɨter bujɨmdarɨ]
pão (m)	нан	[nan]
bolacha (f)	печенье	[petʃenʲe]
chocolate (m)	шоколад	[ʃokolad]
de chocolate	шоколад	[ʃokolad]

rebuçado (m)	кәмпит	[kæmpııt]
bolo (cupcake, etc.)	тәтті тоқаш	[tætti toqaʃ]
bolo (m) de aniversário	торт	[tort]

| tarte (~ de maçã) | бөліш | [bæliʃ] |
| recheio (m) | салынды | [salindi] |

doce (m)	қайнатпа	[qajnatpa]
geleia (f) de frutas	мармелад	[marmelad]
waffle (m)	вафли	[vaflı]
gelado (m)	балмұздақ	[balmʊzdaq]
pudim (m)	пудинг	[pudıng]

57. Especiarias

sal (m)	тұз	[tʊz]
salgado	тұзды	[tʊzdi]
salgar (vt)	тұздау	[tʊzdau]

pimenta (f) preta	қара бұрыш	[qara bʊriʃ]
pimenta (f) vermelha	қызыл бұрыш	[qizıl bʊriʃ]
mostarda (f)	қыша	[qiʃa]
raiz-forte (f)	түбіртамыр	[tʉbirtamir]

condimento (m)	дәмдеуіш	[dæmdewiʃ]
especiaria (f)	дәмдеуіш	[dæmdewiʃ]
molho (m)	тұздық	[tʊzdiq]
vinagre (m)	сірке суы	[sirke sui]

anis (m)	анис	[anıs]
manjericão (m)	насыбайгүл	[nasibajgʉl]
cravo (m)	қалампырғүл	[qalampirgʉl]
gengibre (m)	имбирь	[ımbırʲ]
coentro (m)	кориандр	[korıandr]
canela (f)	даршын	[darʃin]

sésamo (m)	күнжіт	[kʉnʒit]
folhas (f pl) de louro	лавр жапырағы	[lavr ʒapiraɣi]
páprica (f)	паприка	[paprıka]
cominho (m)	зире	[zıre]
açafrão (m)	бәйшешек	[bæjʃeʃek]

INFORMAÇÃO PESSOAL. FAMÍLIA

58. Informação pessoal. Formulários

nome (m)	есім	[esim]
apelido (m)	тек	[tek]
data (f) de nascimento	туған күні	[tuɣan kʉni]
local (m) de nascimento	туған жері	[tuɣan ʒeri]
nacionalidade (f)	ұлт	[ʊlt]
lugar (m) de residência	тұратын мекені	[tʊratin mekeni]
país (m)	ел	[el]
profissão (f)	мамандық	[mamandɨq]
sexo (m)	жыныс	[ʒɨnis]
estatura (f)	бой	[boj]
peso (m)	салмақ	[salmaq]

59. Membros da família. Parentes

mãe (f)	ана	[ana]
pai (m)	әке	[æke]
filho (m)	ұл	[ʊl]
filha (f)	қыз	[qiz]
filha (f) mais nova	кіші қыз	[kiʃi qiz]
filho (m) mais novo	кіші ұл	[kiʃi ʊl]
filha (f) mais velha	үлкен қыз	[ʉlken qiz]
filho (m) mais velho	үлкен ұл	[ʉlken ʊl]
irmão (m)	бауыр	[bawir]
irmão (m) mais velho	аға	[aɣa]
irmão (m) mais novo	іні	[ini]
irmã (f)	қарындас	[qarindas]
irmã (f) mais velha	апа	[apa]
irmã (f) mais nova	сіңлі	[siŋli]
primo (m)	немере аға	[nemere aɣa]
prima (f)	немере әпке	[nemere æpke]
mamã (f)	апа	[apa]
papá (m)	әке	[æke]
pais (pl)	әке-шеше	[ækeʃeʃe]
criança (f)	бала	[bala]
crianças (f pl)	балалар	[balalar]
avó (f)	әже	[æʒe]
avô (m)	ата	[ata]
neto (m)	немере, жиен	[nemere], [ʒien]

| neta (f) | немере қыз, жиен қыз | [nemere qïz], [ʒıen qïz] |
| netos (pl) | немерелер | [nemereler] |

tio (m)	аға	[aɣa]
tia (f)	тәте	[tæte]
sobrinho (m)	жиен, ини	[ʒıen], [ını]
sobrinha (f)	жиен	[ʒıen]

sogra (f)	ене	[ene]
sogro (m)	қайын ата	[qajïn ata]
genro (m)	жездей	[ʒezdej]
madrasta (f)	өгей ана	[øgej ana]
padrasto (m)	өгей әке	[øgej æke]

criança (f) de colo	емшек баласы	[emʃæk balasï]
bebé (m)	бөбек	[bøbek]
menino (m)	бөбек	[bøbek]

mulher (f)	әйел	[æjel]
marido (m)	еркек	[erkek]
esposo (m)	күйеу	[kʉjeu]
esposa (f)	әйел	[æjel]

casado	үйленген	[ʉjlengen]
casada	күйеуге шыққан	[kʉjeuge ʃïqqan]
solteiro	бойдақ	[bojdaq]
solteirão (m)	бойдақ	[bojdaq]
divorciado	ажырасқан	[aʒïrasqan]
viúva (f)	жесір әйел	[ʒesir æjel]
viúvo (m)	тұл ер адам	[tʊl er adam]

parente (m)	туысқан	[tuïsqan]
parente (m) próximo	жақын туысқан	[ʒaqïn tuïsqan]
parente (m) distante	алыс ағайын	[alïs aɣajïn]
parentes (m pl)	туған-туысқандар	[tuɣan tuïsqandar]

órfão (m), órfã (f)	жетім бала	[ʒetim bala]
tutor (m)	қамқоршы	[qamqorʃï]
adotar (um filho)	бала қылып алу	[bala qïlïp alu]
adotar (uma filha)	қыз етіп асырап алу	[qïz etip asïrap alu]

60. Amigos. Colegas de trabalho

amigo (m)	дос	[dos]
amiga (f)	құрбы	[qʊrbï]
amizade (f)	достық	[dostïq]
ser amigos	достасу	[dostasu]

amigo (m)	дос	[dos]
amiga (f)	құрбы	[qʊrbï]
parceiro (m)	серіктес	[seriktes]

| chefe (m) | бастық | [bastïq] |
| superior (m) | бастық | [bastïq] |

subordinado (m)	бағынышты адам	[baɣiniʃti adam]
colega (m)	еңбектес	[eŋbektes]
conhecido (m)	таныс	[tanis]
companheiro (m) de viagem	жолсерік	[ʒolserik]
colega (m) de classe	сыныптас	[siniptas]
vizinho (m)	көрші	[kørʃi]
vizinha (f)	көрші	[kørʃi]
vizinhos (pl)	көршілер	[kørʃi ler]

CORPO HUMANO. MEDICINA

61. Cabeça

cabeça (f)	бас	[bas]
cara (f)	бет	[bet]
nariz (m)	мұрын	[mʊrin]
boca (f)	ауыз	[awïz]
olho (m)	көз	[køz]
olhos (m pl)	көз	[køz]
pupila (f)	қарашық	[qaraʃïq]
sobrancelha (f)	қас	[qas]
pestana (f)	кірпік	[kirpik]
pálpebra (f)	қабақ	[qabaq]
língua (f)	тіл	[til]
dente (m)	тіс	[tis]
lábios (m pl)	ерін	[erin]
maçãs (f pl) do rosto	бет сүегі	[bet sʉegi]
gengiva (f)	қызыл иек	[qïzil ıek]
palato (m)	таңдай	[taŋdaj]
narinas (f pl)	танауы	[tanawï]
queixo (m)	иек	[ıek]
mandíbula (f)	жақ	[ʒaq]
bochecha (f)	ұрт	[ʊrt]
testa (f)	маңдай	[maŋdaj]
têmpora (f)	самай	[samaj]
orelha (f)	құлақ	[qʊlaq]
nuca (f)	желке	[ʒelke]
pescoço (m)	мойын	[mojïn]
garganta (f)	тамақ	[tamaq]
cabelos (m pl)	шаш	[ʃaʃ]
penteado (m)	сәнденген шаш	[sændengen ʃaʃ]
corte (m) de cabelo	сәндеп қиылған шаш	[sændep qïïlɣan ʃaʃ]
peruca (f)	жасанды шаш	[ʒasandï ʃaʃ]
bigode (m)	мұрт	[mʊrt]
barba (f)	сақал	[saqal]
usar, ter (~ barba, etc.)	өсіру	[øsiru]
trança (f)	бұрым	[bʊrim]
suíças (f pl)	жақ сақал	[ʒaq saqal]
ruivo	жирен	[ʒıren]
grisalho	ақ шашты	[aq ʃaʃtï]
calvo	тақыр	[taqïr]
calva (f)	бастың қасқасы	[bastïŋ qasqasï]

| rabo-de-cavalo (m) | құйыршық | [qujirʃiq] |
| franja (f) | кекіл | [kekil] |

62. Corpo humano

| mão (f) | шашақ | [ʃaʃaq] |
| braço (m) | қол | [qol] |

dedo (m)	саусақ	[sausaq]
polegar (m)	бас бармақ	[bas barmaq]
dedo (m) mindinho	шынашақ	[ʃinaʃaq]
unha (f)	тырнақ	[tirnaq]

punho (m)	жұдырық	[ʒʊdiriq]
palma (f) da mão	алақан	[alaqan]
pulso (m)	білезік сүйектері	[bilezik sʉjekteri]
antebraço (m)	білек сүйектері	[bilek sʉjekteri]
cotovelo (m)	шынтақ	[ʃintaq]
ombro (m)	иық	[ɪiq]

perna (f)	аяқ	[ajaq]
pé (m)	табан	[taban]
joelho (m)	тізе	[tize]
barriga (f) da perna	балтыр	[baltir]
anca (f)	жая	[ʒaja]
calcanhar (m)	тақа	[taqa]

corpo (m)	дене	[dene]
barriga (f)	қарын	[qarin]
peito (m)	кеуде	[keude]
seio (m)	емшек	[emʃæk]
lado (m)	бүйір	[bʉjir]
costas (f pl)	арқа	[arqa]
região (f) lombar	белдеме	[beldeme]
cintura (f)	бел	[bel]

umbigo (m)	кіндік	[kindik]
nádegas (f pl)	бөксе	[bøkse]
traseiro (m)	бөксе	[bøkse]

sinal (m)	қал	[qal]
tatuagem (f)	татуировка	[tatuɪrovka]
cicatriz (f)	тыртық	[tirtiq]

63. Doenças

doença (f)	науқас	[nauqas]
estar doente	науқастану	[nauqastanu]
saúde (f)	денсаулық	[densauliq]

| nariz (m) a escorrer | тұмау | [tʊmau] |
| amigdalite (f) | ангина | [angɪna] |

constipação (f)	суық тию	[suiq tıju]
constipar-se (vr)	суық тигізіп алу	[suiq tıgizip alu]
bronquite (f)	бронхит	[bronhıt]
pneumonia (f)	өкпенің талаурауы	[økpeniŋ talaurawi]
gripe (f)	тұмау	[tʊmau]
míope	алыстан көрмейтін	[alistan kørmejtin]
presbita	алыс көргіш	[alis kørgiʃ]
estrabismo (m)	шапыраш	[ʃapiraʃ]
estrábico	шапыраш	[ʃapiraʃ]
catarata (f)	шел	[ʃæl]
glaucoma (m)	глаукома	[glaukoma]
AVC (m), apoplexia (f)	инсульт	[ınsulʲt]
ataque (m) cardíaco	инфаркт	[ınfarkt]
enfarte (m) do miocárdio	миокард инфарктісі	[mıokard ınfarktisi]
paralisia (f)	сал	[sal]
paralisar (vt)	сал болу	[sal bolu]
alergia (f)	аллергия	[allergıja]
asma (f)	демікпе	[demikpe]
diabetes (f)	диабет	[dıabet]
dor (f) de dentes	тіс ауруы	[tis aurui]
cárie (f)	тістотық	[tistotiq]
diarreia (f)	іш ауру	[iʃ auru]
prisão (f) de ventre	іш қату	[iʃ qatu]
desarranjo (m) intestinal	асқазанның бұзылуы	[asqazaniŋ buzilui]
intoxicação (f) alimentar	улану	[ulanu]
intoxicar-se	улану	[ulanu]
artrite (f)	шорбуын	[ʃorbuin]
raquitismo (m)	итауру	[ıtauru]
reumatismo (m)	ревматизм	[revmatızm]
arteriosclerose (f)	умытшақтық	[umitʃaqtiq]
gastrite (f)	гастрит	[gastrıt]
apendicite (f)	аппендицит	[appendıtsıt]
colecistite (f)	өт қабының қабынуы	[øt qabiniŋ qabinui]
úlcera (f)	ойық жара	[ojiq ʒara]
sarampo (m)	қызылша	[qizilʃa]
rubéola (f)	қызамық	[qizamiq]
iterícia (f)	сарылық	[sariliq]
hepatite (f)	бауыр қабынуы	[bawir qabinui]
esquizofrenia (f)	шизофрения	[ʃizofrenıja]
raiva (f)	құтырғандық	[qʊtiryandiq]
neurose (f)	невроз	[nevroz]
comoção (f) cerebral	ми шақалауы	[mı ʃaqalawi]
cancro (m)	бейдауа	[bejdawa]
esclerose (f)	склероз	[skleroz]
esclerose (f) múltipla	ұмытшақ склероз	[umitʃaq skleroz]

alcoolismo (m)	маскунемдік	[maskʉnemdik]
alcoólico (m)	маскунем	[maskʉnem]
sífilis (f)	сифилис	[sıfılıs]
SIDA (f)	ЖИТС	[ʒıts]

tumor (m)	ісік	[isik]
febre (f)	безгек	[bezgek]
malária (f)	ұшық	[ʊʃiq]
gangrena (f)	гангрена	[gangrena]
enjoo (m)	теңіз ауруы	[teniz aurui]
epilepsia (f)	қояншық	[qojanʃiq]

epidemia (f)	жаппай ауру	[ʒappaj auru]
tifo (m)	кезік	[kezik]
tuberculose (f)	жегі	[ʒegi]
cólera (f)	тырысқақ	[tirisqaq]
peste (f)	мәлік	[mælik]

64. Sintomas. Tratamentos. Parte 1

sintoma (m)	белгі	[belgi]
temperatura (f)	дене қызымы	[dene qizimi]
febre (f)	ыстығы котерілу	[istiɣi koterilu]
pulso (m)	тамыр соғуы	[tamir soɣui]

vertigem (f)	бас айналу	[bas ajnalu]
quente (testa, etc.)	ыстық	[istiq]
calafrio (m)	қалтырау	[qaltirau]
pálido	еңсіз	[øŋsiz]

tosse (f)	жөтел	[ʒøtel]
tossir (vi)	жөтелу	[ʒøtelu]
espirrar (vi)	түшкіру	[tʉʃkiru]
desmaio (m)	талу	[talu]
desmaiar (vi)	талып қалу	[talip qalu]

nódoa (f) negra	когелген ет	[kogelgen et]
galo (m)	томпақ	[tompaq]
magoar-se (vr)	ұрыну	[urinu]
pisadura (f)	жарақат	[ʒaraqat]
aleijar-se (vr)	зақымдану	[zaqimdanu]

coxear (vi)	ақсаңдау	[aqsaŋdau]
deslocação (f)	буынын шығару	[buinin ʃiɣaru]
deslocar (vt)	шығып кету	[ʃiɣip ketu]
fratura (f)	сыну	[sinu]
fraturar (vt)	сындырып алу	[sindirip alu]

corte (m)	жара	[ʒara]
cortar-se (vr)	кесу	[kesu]
hemorragia (f)	қан кету	[qan ketu]

queimadura (f)	күйген жер	[kʉjgen ʒer]
queimar-se (vr)	күю	[kʉju]

picar (vt)	шаншу	[ʃanʃu]
picar-se (vr)	шаншылу	[ʃanʃïlu]
lesionar (vt)	зақымдау	[zaqïmdau]
lesão (m)	зақым	[zaqïm]
ferida (f), ferimento (m)	жарақат	[ʒaraqat]
trauma (m)	жарақат	[ʒaraqat]

delirar (vi)	еліру	[eliru]
gaguejar (vi)	тұтығу	[tʊtiɣu]
insolação (f)	басынан күн өту	[basïnan kʉn øtu]

65. Sintomas. Tratamentos. Parte 2

dor (f)	ауру	[auru]
farpa (no dedo)	тікен	[tiken]

suor (m)	тер	[ter]
suar (vi)	терлеу	[terleu]
vómito (m)	құсық	[qʊsïq]
convulsões (f pl)	түйілу	[tʉjilu]

grávida	жүкті	[ʒʉkti]
nascer (vi)	туу	[tuu]
parto (m)	босану	[bosanu]
dar à luz	босану	[bosanu]
aborto (m)	түсік	[tʉsik]

respiração (f)	дем	[dem]
inspiração (f)	дем тарту	[dem tartu]
expiração (f)	дем шығару	[dem ʃïɣaru]
expirar (vi)	дем шығару	[dem ʃïɣaru]
inspirar (vi)	дем тарту	[dem tartu]
inválido (m)	мүгедек	[mʉgedek]
aleijado (m)	мүгедек	[mʉgedek]
toxicodependente (m)	нашақор	[naʃaqor]

surdo	саңырау	[saŋïrau]
mudo	мылқау	[mïlqau]
surdo-mudo	керең-мылқау	[kereŋ mïlqau]

louco (adj.)	есуас	[esuas]
louco (m)	жынды	[ʒïndï]
louca (f)	жынды	[ʒïndï]
ficar louco	ақылдан айрылу	[aqïldan ajrïlu]

gene (m)	ген	[gen]
imunidade (f)	иммунитет	[ımmunıtet]
hereditário	мұралық	[mʊraliq]
congénito	туа біткен ауру	[tua bitken auru]

vírus (m)	вирус	[vırus]
micróbio (m)	микроб	[mıkrob]
bactéria (f)	бактерия	[bakterıja]
infeção (f)	індет	[indet]

66. Sintomas. Tratamentos. Parte 3

hospital (m)	емхана	[emhana]
paciente (m)	емделуші	[emdeluʃi]
diagnóstico (m)	диагноз	[dıagnoz]
cura (f)	емдеу	[emdeu]
tratamento (m) médico	емдеу	[emdeu]
curar-se (vr)	емделу	[emdelu]
tratar (vt)	емдеу	[emdeu]
cuidar (pessoa)	бағып-қағу	[baɣip qaɣu]
cuidados (m pl)	бағып-қағу	[baɣip qaɣu]
operação (f)	операция	[operatsıja]
enfaixar (vt)	матау	[matau]
enfaixamento (m)	таңу	[taŋu]
vacinação (f)	екпе	[ekpe]
vacinar (vt)	егу	[egu]
injeção (f)	шаншу	[ʃanʃu]
dar uma injeção	шаншу	[ʃanʃu]
amputação (f)	ампутация	[amputatsıja]
amputar (vt)	ампутациялау	[amputatsıjalau]
coma (f)	кома	[koma]
estar em coma	комада болу	[komada bolu]
reanimação (f)	реанимация	[reanımatsıja]
recuperar-se (vr)	жазыла бастау	[ʒazıla bastau]
estado (~ de saúde)	хал	[hal]
consciência (f)	ақыл-ой	[aqıł oj]
memória (f)	ес	[es]
tirar (vt)	жұлу	[ʒulu]
chumbo (m), obturação (f)	пломба	[plomba]
chumbar, obturar (vt)	пломба салу	[plomba salu]
hipnose (f)	гипноз	[gıpnoz]
hipnotizar (vt)	гипноздау	[gıpnozdau]

67. Medicina. Drogas. Acessórios

medicamento (m)	дәрі	[dæri]
remédio (m)	дауа	[dawa]
receitar (vt)	дәрі жазып беру	[dæri ʒazıp beru]
receita (f)	рецепт	[retsept]
comprimido (m)	дәрі	[dæri]
pomada (f)	май	[maj]
ampola (f)	ампула	[ampula]
preparado (m)	микстура	[mıkstura]
xarope (m)	шәрбат	[ʃærbat]
cápsula (f)	домалақ дәрі	[domalaq dæri]

remédio (m) em pó	ұнтақ	[untaq]
ligadura (f)	бинт	[bınt]
algodão (m)	мақта	[maqta]
iodo (m)	йод	[jod]
penso (m) rápido	лейкопластырь	[lejkoplastirʲ]
conta-gotas (m)	тамызғыш	[tamizɣiʃ]
termómetro (m)	градусник	[gradusnık]
seringa (f)	шприц	[ʃprits]
cadeira (f) de rodas	мүгедек күймесі	[mügedek küjmesi]
muletas (f pl)	балдақтар	[baldaqtar]
analgésico (m)	ауыруды сездірмейтін дәрі	[awirudi sezdirmejtin dæri]
laxante (m)	іш өткізгіш дәрі	[iʃ øtkizgiʃ dæri]
álcool (m) etílico	спирт	[spırt]
ervas (f pl) medicinais	шөп	[ʃøp]
de ervas (chá ~)	шөпті	[ʃøpti]

APARTAMENTO

68. Apartamento

apartamento (m)	пәтер	[pæter]
quarto (m)	бөлме	[bølme]
quarto (m) de dormir	жатаржай	[ʒatarʒaj]
sala (f) de jantar	асхана	[ashana]
sala (f) de estar	қонақхана	[qonaqhana]
escritório (m)	кабинет	[kabınet]
antessala (f)	ауыз үй	[awïz ɥj]
quarto (m) de banho	жуынатын бөлме	[ʒuinatin bølme]
toilette (lavabo)	әжетхана	[æʒethana]
teto (m)	төбе	[tøbe]
chão, soalho (m)	еден	[eden]
canto (m)	бөлменің бұрышы	[bølmeniŋ bʊriʃi]

69. Mobiliário. Interior

mobiliário (m)	жиһаз	[ʒıhaz]
mesa (f)	үстел	[ɥstel]
cadeira (f)	орындық	[orindiq]
cama (f)	төсек	[tøsek]
divã (m)	диван	[dıvan]
cadeirão (m)	кресло	[kreslo]
estante (f)	шкаф	[ʃkaf]
prateleira (f)	өре	[øre]
guarda-vestidos (m)	шкаф	[ʃkaf]
cabide (m) de parede	ілгіш	[ilgiʃ]
cabide (m) de pé	ілгіш	[ilgiʃ]
cómoda (f)	комод	[komod]
mesinha (f) de centro	шағын үстелше	[ʃaɣin ɥstelʃæ]
espelho (m)	айна	[ajna]
tapete (m)	кілем	[kilem]
tapete (m) pequeno	кілемше	[kilemʃæ]
lareira (f)	камин	[kamın]
vela (f)	шырақ	[ʃiraq]
castiçal (m)	шамдал	[ʃamdal]
cortinas (f pl)	перде	[perde]
papel (m) de parede	түсқағаз	[tɥsqaɣaz]

estores (f pl)	жалюзи	[ʒaljuzɪ]
candeeiro (m) de mesa	үстел шамы	[ʉstel ʃamɪ]
candeeiro (m) de parede	шырақ	[ʃiraq]
candeeiro (m) de pé	сәнсәуле	[sænsæule]
lustre (m)	люстра	[ljustra]

pé (de mesa, etc.)	аяқ	[ajaq]
braço (m)	шынтақша	[ʃintaqʃa]
costas (f pl)	арқалық	[arqalɪq]
gaveta (f)	жәшік	[ʒæʃik]

70. Quarto de dormir

roupa (f) de cama	төсек-орын жабдығы	[tøsek orin ʒabdiɣɪ]
almofada (f)	жастық	[ʒastiq]
fronha (f)	жастық тысы	[ʒastiq tisɪ]
cobertor (m)	көрпе	[kørpe]
lençol (m)	ақжайма	[aqʒajma]
colcha (f)	жамылғы	[ʒamɪlɣɪ]

71. Cozinha

cozinha (f)	асүй	[asʉj]
gás (m)	газ	[gaz]
fogão (m) a gás	газ плитасы	[gaz plɪtasɪ]
fogão (m) elétrico	электр плитасы	[ɛlektr plɪtasɪ]
forno (m)	духовка	[duhovka]
forno (m) de micro-ondas	шағын толқынды пеш	[ʃaɣin tolqindɪ peʃ]

frigorífico (m)	тоңазытқыш	[toŋazitqɪʃ]
congelador (m)	мұздатқыш	[mʉzdatqɪʃ]
máquina (f) de lavar louça	ыдыс-аяқ жуу машинасы	[idis ajaq ʒuu maʃinasɪ]

moedor (m) de carne	еттартқыш	[ettartqɪʃ]
espremedor (m)	шырынсыққыш	[ʃirinsiqqɪʃ]
torradeira (f)	тостер	[toster]
batedeira (f)	миксер	[mɪkser]

máquina (f) de café	кофеқайнатқы	[kofeqajnatqɪ]
cafeteira (f)	кофе шәйнек	[kofe ʃæjnek]
moinho (m) de café	кофе ұнтақтағыш	[kofe untaqtaɣɪʃ]

chaleira (f)	шәйнек	[ʃæjnek]
bule (m)	шәйнек	[ʃæjnek]
tampa (f)	жапқыш	[ʒapqɪʃ]
coador (m) de chá	сүзгі	[sʉzgi]

colher (f)	қасық	[qasiq]
colher (f) de chá	шай қасық	[ʃaj qasiq]
colher (f) de sopa	ас қасық	[as qasiq]
garfo (m)	шанышқы	[ʃaniʃqi]
faca (f)	пышақ	[piʃaq]

louça (f)	ыдыс	[idis]
prato (m)	төрелке	[tærelke]
pires (m)	табақша	[tabaqʃa]

cálice (m)	рөмке	[rømke]
copo (m)	стақан	[staqan]
chávena (f)	шыныаяқ	[ʃiniajaq]

açucareiro (m)	қантсалғыш	[qantsalɣiʃ]
saleiro (m)	тұз сауыт	[tʊz sawit]
pimenteiro (m)	бұрыш салғыш	[bʊriʃ salɣiʃ]
manteigueira (f)	майсауыт	[majsawit]

panela, caçarola (f)	кастрөл	[kastrøl]
frigideira (f)	таба	[taba]
concha (f)	ожау	[oʒau]
passador (m)	сүзекі	[sʉzeki]
bandeja (f)	табақ	[tabaq]

garrafa (f)	бөтелке	[bøtelke]
boião (m) de vidro	банкі	[banki]
lata (f)	банкі	[banki]

abre-garrafas (m)	ашқыш	[aʃqiʃ]
abre-latas (m)	ашқыш	[aʃqiʃ]
saca-rolhas (m)	бұранда	[bʊranda]
filtro (m)	сүзгіш	[sʉzgiʃ]
filtrar (vt)	сүзу	[sʉzu]

| lixo (m) | қоқым-соқым | [qoqim soqim] |
| balde (m) do lixo | қоқыс шелегі | [qoqis ʃælegi] |

72. Casa de banho

quarto (m) de banho	жуынатын бөлме	[ʒuinatin bølme]
água (f)	су	[su]
torneira (f)	шүмек	[ʃʉmek]
água (f) quente	ыстық су	[istiq su]
água (f) fria	суық су	[suiq su]

| pasta (f) de dentes | тіс пастасы | [tis pastasi] |
| escovar os dentes | тіс тазалау | [tis tazalau] |

barbear-se (vr)	қырыну	[qirinu]
espuma (f) de barbear	қырынуға арналған көбік	[qirinuɣa arnalɣan købik]
máquina (f) de barbear	ұстара	[ustara]

lavar (vt)	жуу	[ʒuu]
lavar-se (vr)	жуыну	[ʒuinu]
duche (m)	душ	[duʃ]
tomar um duche	душқа түсу	[duʃqa tʉsu]

| banheira (f) | ванна | [vana] |
| sanita (f) | унитаз | [unitaz] |

lavatório (m)	раковина	[rakovına]
sabonete (m)	сабын	[sabin]
saboneteira (f)	сабын салғыш	[sabin salɣiʃ]

esponja (f)	губка	[gubka]
champô (m)	сусабын	[susabin]
toalha (f)	орамал	[oramal]
roupão (m) de banho	шапан	[ʃapan]

lavagem (f)	кір жуу	[kir ʒuu]
máquina (f) de lavar	кіржуғыш машина	[kirʒuɣiʃ maʃina]
lavar a roupa	кір жуу	[kir ʒuu]
detergente (m)	кір жуу ұнтағы	[kir ʒuu untaɣi]

73. Eletrodomésticos

televisor (m)	теледидар	[teledıdar]
gravador (m)	магнитофон	[magnıtofon]
videogravador (m)	бейнемагнитофон	[bejnemagnıtofon]
rádio (m)	қабылдағыш	[qabildaɣiʃ]
leitor (m)	плеер	[pleer]

projetor (m)	бейне проекторы	[bejne proektori]
cinema (m) em casa	үй кинотеатры	[ʉj kınoteatri]
leitor (m) de DVD	DVD ойнатқыш	[dividi ojnatqiʃ]
amplificador (m)	күшейткіш	[kʉʃæjtkiʃ]
console (f) de jogos	ойын қосымшасы	[ojin qosimʃasi]

câmara (f) de vídeo	бейнекамера	[bejnekamera]
máquina (f) fotográfica	фотоаппарат	[fotoapparat]
câmara (f) digital	цифрлы фотоаппарат	[tsifrli fotoapparat]

aspirador (m)	шаңсорғыш	[ʃaŋsorɣiʃ]
ferro (m) de engomar	үтік	[ʉtik]
tábua (f) de engomar	үтіктеу тақтасы	[ʉtikteu taqtasi]

telefone (m)	телефон	[telefon]
telemóvel (m)	ұялы телефон	[ujali telefon]
máquina (f) de escrever	жазу машинкасы	[ʒazu maʃinkasi]
máquina (f) de costura	тігін машинкасы	[tigin maʃinkasi]

microfone (m)	микрофон	[mıkrofon]
auscultadores (m pl)	құлаққап	[qʊlaqqap]
controlo remoto (m)	пульт	[pulʲt]

CD (m)	CD, компакт-дискі	[si di], [kompakt dıski]
cassete (f)	кассета	[kasseta]
disco (m) de vinil	пластинка	[plastınka]

A TERRA. TEMPO

74. Espaço sideral

cosmos (m)	ғарыш	[ɣariʃ]
cósmico	ғарыштық	[ɣariʃtiq]
espaço (m) cósmico	ғарыш кеңістігі	[ɣariʃ keŋistigi]

| mundo, universo (m) | әлем | [ælem] |
| galáxia (f) | галактика | [galaktɪka] |

estrela (f)	жұлдыз	[ʒuldiz]
constelação (f)	шоқжұлдыз	[ʃoqʒuldiz]
planeta (m)	планета	[planeta]
satélite (m)	серік	[serik]

meteorito (m)	метеорит	[meteorɪt]
cometa (m)	комета	[kometa]
asteroide (m)	астероид	[asteroɪd]

órbita (f)	орбита	[orbɪta]
girar (vi)	айналу	[ajnalu]
atmosfera (f)	атмосфера	[atmosfera]

Sol (m)	күн	[kun]
Sistema (m) Solar	күн жүйесі	[kun ʒujesi]
eclipse (m) solar	күн тұтылу	[kun tutilu]

| Terra (f) | Жер | [ʒer] |
| Lua (f) | Ай | [aj] |

Marte (m)	Марс	[mars]
Vénus (f)	Венера	[venera]
Júpiter (m)	Юпитер	[jupɪter]
Saturno (m)	Сатурн	[saturn]

Mercúrio (m)	Меркурий	[merkurɪj]
Urano (m)	Уран	[uran]
Neptuno (m)	Нептун	[neptun]
Plutão (m)	Плутон	[pluton]

Via Láctea (f)	Құс жолы	[qus ʒoli]
Ursa Maior (f)	Жетіқарақшы	[ʒetiqaraqʃi]
Estrela Polar (f)	Темірқазық	[temirqaziq]

marciano (m)	марстық	[marstiq]
extraterrestre (m)	басқа планеталық	[basqa planetaliq]
alienígena (m)	келімсек	[kelimsek]
disco (m) voador	ұшатын тәрелке	[uʃatin tærelke]
nave (f) espacial	ғарыш кемесі	[ɣariʃ kemesi]

estação (f) orbital	орбиталық станция	[orbıtalıq stantsıja]
lançamento (m)	старт	[start]
motor (m)	двигатель	[dvıgatelʲ]
bocal (m)	қақпақ	[qaqpaq]
combustível (m)	жанармай	[ʒanarmaj]
cabine (f)	кабина	[kabına]
antena (f)	антенна	[antena]
vigia (f)	иллюминатор	[ılljumınator]
bateria (f) solar	күн батареясы	[kʉn batarejasɪ]
traje (m) espacial	скафандр	[skafandr]
imponderabilidade (f)	салмақсыздық	[salmaqsızdɪq]
oxigénio (m)	оттегі	[ottegi]
acoplagem (f)	түйісу	[tʉjisu]
fazer uma acoplagem	түйісу жасау	[tʉjisu ʒasau]
observatório (m)	обсерватория	[observatorıja]
telescópio (m)	телескоп	[teleskop]
observar (vt)	бақылау	[baqɪlau]
explorar (vt)	зерттеу	[zertteu]

75. A Terra

Terra (f)	Жер	[ʒer]
globo terrestre (Terra)	жер шары	[ʒer ʃarɪ]
planeta (m)	ғаламшар	[ɣalamʃar]
atmosfera (f)	атмосфера	[atmosfera]
geografia (f)	география	[geografıja]
natureza (f)	табиғат	[tabıɣat]
globo (mapa esférico)	глобус	[globus]
mapa (m)	карта	[karta]
atlas (m)	атлас	[atlas]
Europa (f)	Еуропа	[europa]
Ásia (f)	Азия	[azıja]
África (f)	Африка	[afrıka]
Austrália (f)	Австралия	[avstralıja]
América (f)	Америка	[amerıka]
América (f) do Norte	Солтүстік Америка	[soltʉstik amerıka]
América (f) do Sul	Оңтүстік Америка	[oŋtʉstik amerıka]
Antártida (f)	Антарктида	[antarktıda]
Ártico (m)	Арктика	[arktıka]

76. Pontos cardeais

norte (m)	солтүстік	[soltʉstik]
para norte	солтүстікке	[soltʉstikke]

| no norte | солтүстікте | [soltustikte] |
| do norte | солтүстік | [soltustik] |

sul (m)	оңтүстік	[oŋtustik]
para sul	оңтүстікке	[oŋtustikke]
no sul	оңтүстікте	[oŋtustikte]
do sul	оңтүстік	[oŋtustik]

oeste, ocidente (m)	батыс	[batis]
para oeste	батысқа	[batisqa]
no oeste	батыста	[batista]
ocidental	батыс	[batis]

leste, oriente (m)	шығыс	[ʃiɣis]
para leste	шығысқа	[ʃiɣisqa]
no leste	шығыста	[ʃiɣista]
oriental	шығыс	[ʃiɣis]

77. Mar. Oceano

mar (m)	теңіз	[teŋiz]
oceano (m)	мұхит	[muhɪt]
golfo (m)	шығанақ	[ʃiɣanaq]
estreito (m)	бұғаз	[buɣaz]

terra (f) firme	жер	[ʒer]
continente (m)	материк	[materɪk]
ilha (f)	арал	[aral]
península (f)	түбек	[tubek]
arquipélago (m)	архипелаг	[arhɪpelag]

baía (f)	айлақ	[ajlaq]
porto (m)	гавань	[gavanⁱ]
lagoa (f)	лагуна	[laguna]
cabo (m)	мүйіс	[mujis]

atol (m)	атолл	[atoll]
recife (m)	риф	[rɪf]
coral (m)	маржан	[marʒan]
recife (m) de coral	маржан риф	[marʒan rɪf]

profundo	терең	[tereŋ]
profundidade (f)	тереңдік	[tereŋdik]
abismo (m)	түпсіз	[tupsiz]
fossa (f) oceânica	шұқыр	[ʃuqir]

| corrente (f) | ағын | [aɣin] |
| banhar (vt) | ұласу | [ulasu] |

| litoral (m) | жаға | [ʒaɣa] |
| costa (f) | жағалау | [ʒaɣalau] |

| maré (f) alta | судың келуі | [sudɪŋ kelui] |
| refluxo (m), maré (f) baixa | судың қайтуы | [sudɪŋ qajtui] |

| restinga (f) | барқын | [barqin] |
| fundo (m) | түп | [tüp] |

onda (f)	толқын	[tolqin]
crista (f) da onda	толқынның жотасы	[tolqiniŋ ʒotasi]
espuma (f)	көбік	[købik]

tempestade (f)	дауыл	[dawïl]
furacão (m)	дауыл	[dawïl]
tsunami (m)	цунами	[tsunamı]
calmaria (f)	тымық	[tïmïq]
calmo	тынық	[tïnïq]

| polo (m) | полюс | [poljus] |
| polar | поляр | [poljar] |

latitude (f)	ендік	[endik]
longitude (f)	бойлық	[bojlïq]
paralela (f)	параллель	[parallelʲ]
equador (m)	экватор	[ɛkvator]

céu (m)	аспан	[aspan]
horizonte (m)	көкжиек	[køkʒıek]
ar (m)	ауа	[awa]

farol (m)	шамшырақ	[ʃamʃïraq]
mergulhar (vi)	сүңгу	[süŋgu]
afundar-se (vr)	батып кету	[batïp ketu]
tesouros (m pl)	қазына	[qazïna]

78. Nomes de Mares e Oceanos

Oceano (m) Atlântico	Атлант мұхиты	[atlant muhıtı]
Oceano (m) Índico	Үнді мұхиті	[ündi muhıtı]
Oceano (m) Pacífico	Тынық мұхит	[tïnïq muhıt]
Oceano (m) Ártico	Солтүстік мұзды мұхиті	[soltüstik muzdï muhıtı]

Mar (m) Negro	Қара теңіз	[qara teŋiz]
Mar (m) Vermelho	Қызыл теңіз	[qïzïl teŋiz]
Mar (m) Amarelo	Сары теңіз	[sarï teŋiz]
Mar (m) Branco	Ақ теңіз	[aq teŋiz]

Mar (m) Cáspio	Каспий теңізі	[kaspıj teŋizi]
Mar (m) Morto	Өлген теңіз	[ølgen teŋiz]
Mar (m) Mediterrâneo	Жерорта теңізі	[ʒerorta teŋizi]

| Mar (m) Egeu | Эгей теңізі | [ɛgej teŋizi] |
| Mar (m) Adriático | Адриатикалық теңіз | [adrıatıkalïq teŋiz] |

Mar (m) Arábico	Аравиялық теңіз	[aravıjalïq teŋiz]
Mar (m) do Japão	Жапон теңізі	[ʒapon teŋizi]
Mar (m) de Bering	Беринг теңізі	[berıng teŋizi]
Mar (m) da China Meridional	Оңтүстік-Қытай теңізі	[oŋtüstik qïtaj teŋizi]
Mar (m) de Coral	Маржан теңізі	[marʒan teŋizi]

| Mar (m) de Tasman | Тасман теңізі | [tasman teŋizi] |
| Mar (m) do Caribe | Карибиялық теңіз | [karıbıjalıq teŋiz] |

| Mar (m) de Barents | Баренц теңізі | [barents teŋizi] |
| Mar (m) de Kara | Карск теңізі | [karsk teŋizi] |

Mar (m) do Norte	Солтүстік теңіз	[soltustik teŋiz]
Mar (m) Báltico	Балтық теңізі	[baltiq teŋizi]
Mar (m) da Noruega	Норвегиялық теңіз	[norvegıjalıq teŋiz]

79. Montanhas

montanha (f)	тау	[tau]
cordilheira (f)	тау тізбектері	[tau tizbekteri]
serra (f)	тау қырқасы	[tau qïrqasi]

cume (m)	шың	[ʃiŋ]
pico (m)	шың	[ʃiŋ]
sopé (m)	етек	[etek]
declive (m)	бөктер	[bøkter]

vulcão (m)	жанартау	[ʒanartau]
vulcão (m) ativo	сөнбеген жанартау	[sønbegen ʒanartau]
vulcão (m) extinto	сөнген жанартау	[søngen ʒanartau]

erupção (f)	ақтарылу	[aqtarïlu]
cratera (f)	кратер	[krater]
magma (m)	магма	[magma]
lava (f)	лава	[lava]
fundido (lava ~a)	қызған	[qïzɣan]

desfiladeiro (m)	каньон	[kaɲıon]
garganta (f)	басат	[basat]
fenda (f)	жарық	[ʒarïq]

passo, colo (m)	асу	[asu]
planalto (m)	үстірт	[ustirt]
falésia (f)	жартас	[ʒartas]
colina (f)	белес	[beles]

| glaciar (m) | мұздық | [muzdïq] |
| queda (f) d'água | сарқырама | [sarqïrama] |

| géiser (m) | гейзер | [gejzer] |
| lago (m) | көл | [køl] |

planície (f)	жазық	[ʒazïq]
paisagem (f)	пейзаж	[pejzaʒ]
eco (m)	жаңғырық	[ʒaŋɣïrïq]

alpinista (m)	альпинист	[alʲpïnıst]
escalador (m)	жартасқа өрмелеуші	[ʒartasqa ørmeleuʃi]
conquistar (vt)	бағындыру	[baɣïndïru]
subida, escalada (f)	шыңына шығу	[ʃiŋina ʃïɣu]

80. Nomes de montanhas

Alpes (m pl)	Альпілер	[alʲpiler]
monte Branco (m)	Монблан	[monblan]
Pirineus (m pl)	Пиренейлер	[pırenejler]
Cárpatos (m pl)	Карпаттар	[karpatar]
montes (m pl) Urais	Орал таулары	[oral taulari]
Cáucaso (m)	Кавказ	[kavkaz]
Elbrus (m)	Эльбрус	[ɛlʲbrus]
Altai (m)	Алтай	[altaj]
Tian Shan (m)	Тянь-Шань	[tʲan ʃaɲ]
Pamir (m)	Памир	[pamır]
Himalaias (m pl)	Гималаи	[gımalaı]
monte (m) Everest	Эверест	[ɛverest]
Cordilheira (f) dos Andes	Аңдылар	[aŋdɨlar]
Kilimanjaro (m)	Килиманджаро	[kɨlɨmandʒaro]

81. Rios

rio (m)	өзен	[øzen]
fonte, nascente (f)	бұлақ	[bʊlaq]
leito (m) do rio	арна	[arna]
bacia (f)	бассейн	[bassejn]
desaguar no …	ағып құйылу	[aɣɨp qujɨlu]
afluente (m)	тармақ	[tarmaq]
margem (do rio)	жаға	[ʒaɣa]
corrente (f)	ағын	[aɣɨn]
rio abaixo	ағыстың ыңғайымен	[aɣɨstɨŋ iŋɣajimen]
rio acima	өрге қарай	[ørge qaraj]
inundação (f)	тасқын	[tasqin]
cheia (f)	аспа	[aspa]
transbordar (vi)	су тасу	[su tasu]
inundar (vt)	су басу	[su basu]
banco (m) de areia	қайыр	[qajir]
rápidos (m pl)	табалдырық	[tabaldɨriq]
barragem (f)	тоған	[toɣan]
canal (m)	канал	[kanal]
reservatório (m) de água	су қоймасы	[su qojmasi]
eclusa (f)	шлюз	[ʃljuz]
corpo (m) de água	суайдын	[suajdin]
pântano (m)	батпақ	[batpaq]
tremedal (m)	тартпа	[tartpa]
remoinho (m)	иірім	[ɪirim]
arroio, regato (m)	жылға	[ʒɨlɣa]

potável	ішетін	[iʃætin]
doce (água)	тұзсыз	[tʊzsiz]

gelo (m)	мұз	[mʊz]
congelar-se (vr)	мұз боп қату	[mʊz bop qatu]

82. Nomes de rios

rio Sena (m)	Сена	[sena]
rio Loire (m)	Луара	[luara]

rio Tamisa (m)	Темза	[temza]
rio Reno (m)	Рейн	[rejn]
rio Danúbio (m)	Дунай	[dunaj]

rio Volga (m)	Волга	[volga]
rio Don (m)	Дон	[don]
rio Lena (m)	Лена	[lena]

rio Amarelo (m)	Хуанхэ	[huanhɛ]
rio Yangtzé (m)	Янцзы	[janʦzi]
rio Mekong (m)	Меконг	[mekong]
rio Ganges (m)	Ганг	[gang]

rio Nilo (m)	Нил	[nɪl]
rio Congo (m)	Конго	[kongo]
rio Cubango (m)	Окаванго	[okavango]
rio Zambeze (m)	Замбези	[zambezɪ]
rio Limpopo (m)	Лимпопо	[lɪmpopo]
rio Mississípi (m)	Миссисипи	[mɪssɪsɪpɪ]

83. Floresta

floresta (f), bosque (m)	орман	[orman]
florestal	орман	[orman]

mata (f) cerrada	бытқыл	[bɪtqil]
arvoredo (m)	тоғай	[toɣaj]
clareira (f)	алаңқай	[alaŋqaj]

matagal (m)	ну өсімдік	[nu øsimdik]
mato (m)	бұта	[bʊta]

vereda (f)	соқпақ	[soqpaq]
ravina (f)	жыра	[ʒira]

árvore (f)	ағаш	[aɣaʃ]
folha (f)	жапырақ	[ʒapiraq]
folhagem (f)	жапырақ	[ʒapiraq]

queda (f) das folhas	жапырақтың құрап түсуі	[ʒapiraqtiŋ qurap tʉsui]
cair (vi)	қазылу	[qazilu]

topo (m)	ағаштың жоғарғы ұшы	[aɣaʃtiŋ ʒoɣarɣi uʃi]
ramo (m)	бұтақ	[butaq]
galho (m)	бұтақ	[butaq]
botão, rebento (m)	бүршік	[burʃik]
agulha (f)	ине	[ine]
pinha (f)	бүршік	[burʃik]

buraco (m) de árvore	қуыс	[quis]
ninho (m)	ұя	[uja]
toca (f)	ін	[in]

tronco (m)	дің	[diŋ]
raiz (f)	тамыр	[tamir]
casca (f) de árvore	қабық	[qabiq]
musgo (m)	мүк	[muk]

arrancar pela raiz	қопару	[qoparu]
cortar (vt)	шабу	[ʃabu]
desflorestar (vt)	шабу	[ʃabu]
toco, cepo (m)	томар	[tomar]

fogueira (f)	алау	[alau]
incêndio (m) florestal	өрт	[ørt]
apagar (vt)	өшіру	[øʃiru]

guarda-florestal (m)	орманшы	[ormanʃi]
proteção (f)	күзет	[kuzet]
proteger (a natureza)	күзету	[kuzetu]
caçador (m) furtivo	браконьер	[brakonʲer]
armadilha (f)	қақпан	[qaqpan]

colher (cogumelos, bagas)	жинау	[ʒinau]
perder-se (vr)	адасып кету	[adasip ketu]

84. Recursos naturais

recursos (m pl) naturais	табиғи қорлар	[tabiɣi qorlar]
minerais (m pl)	пайдалы қазбалар	[pajdali qazbalar]
depósitos (m pl)	кен	[ken]
jazida (f)	кен орны	[ken orni]

extrair (vt)	кен шығару	[ken ʃiɣaru]
extração (f)	шығару	[ʃiɣaru]
minério (m)	кен	[ken]
mina (f)	кеніш	[keniʃ]
poço (m) de mina	шахта	[ʃahta]
mineiro (m)	көміршi	[kømirʃi]

gás (m)	газ	[gaz]
gasoduto (m)	газ құбыры	[gaz qubiri]

petróleo (m)	мұнай	[munaj]
oleoduto (m)	мұнай құбыры	[munaj qubiri]
poço (m) de petróleo	мұнай мұнарасы	[munaj munarasi]

| torre (f) petrolífera | бұрғылау мұнарасы | [burɣilau munarasi] |
| petroleiro (m) | танкер | [tanker] |

areia (f)	құм	[qʊm]
calcário (m)	әк тас	[æk tas]
cascalho (m)	қиыршақ тас	[qiirʃaq tas]
turfa (f)	торф	[torf]
argila (f)	балшық	[balʃiq]
carvão (m)	көмір	[kømir]

ferro (m)	темір	[temir]
ouro (m)	алтын	[altin]
prata (f)	күміс	[kumis]
níquel (m)	никель	[nikelʲ]
cobre (m)	мыс	[mis]

zinco (m)	мырыш	[miriʃ]
manganês (m)	марганец	[marganets]
mercúrio (m)	сынап	[sinap]
chumbo (m)	қорғасын	[qorɣasin]

mineral (m)	минерал	[mineral]
cristal (m)	кристалл	[kristall]
mármore (m)	мәрмәр	[mærmær]
urânio (m)	уран	[uran]

85. Tempo

tempo (m)	ауа райы	[awa raji]
previsão (f) do tempo	ауа райы болжамы	[awa raji bolʒami]
temperatura (f)	температура	[temperatura]
termómetro (m)	термометр	[termometr]
barómetro (m)	барометр	[barometr]

humidade (f)	ылғалдық	[ilɣaldiq]
calor (m)	ыстық	[istiq]
cálido	ыстық	[istiq]
está muito calor	ыстық	[istiq]

| está calor | жылы | [ʒili] |
| quente | жылы | [ʒili] |

| está frio | суық | [suiq] |
| frio | суық | [suiq] |

sol (m)	күн	[kun]
brilhar (vi)	жарық түсіру	[ʒariq tusiru]
de sol, ensolarado	күн	[kun]
nascer (vi)	көтерілу	[køterilu]
pôr-se (vr)	отыру	[otiru]

nuvem (f)	бұлт	[bult]
nublado	бұлтты	[bultti]
nuvem (f) preta	қара бұлт	[qara bult]

escuro, cinzento	бұлыңғыр	[bʊliŋɣir]
chuva (f)	жаңбыр	[ʒaŋbir]
está a chover	жаңбыр жауып тұр	[ʒaŋbir ʒawip tur]
chuvoso	жауын-шашынды	[ʒawin ʃaʃindi]
chuviscar (vi)	сіркіреу	[sirkireu]

chuva (f) torrencial	қара жаңбыр	[qara ʒaŋbir]
chuvada (f)	нөсер	[nøser]
forte (chuva)	екпінді	[ekpindi]
poça (f)	шалшық	[ʃalʃiq]
molhar-se (vr)	су өту	[su øtu]

nevoeiro (m)	тұман	[tʊman]
de nevoeiro	тұманды	[tʊmandi]
neve (f)	қар	[qar]
está a nevar	қар жауып тұр	[qar ʒawip tur]

86. Tempo extremo. Catástrofes naturais

trovoada (f)	найзағай	[najzaɣaj]
relâmpago (m)	найзағай	[najzaɣaj]
relampejar (vi)	жарқырау	[ʒarqirau]

trovão (m)	күн күркіреу	[kʉn kʉrkireu]
trovejar (vi)	дүрілдеу	[dʉrildeu]
está a trovejar	күн күркірейді	[kʉn kʉrkirejdi]

granizo (m)	бұршақ	[bʊrʃaq]
está a cair granizo	бұршақ жауып тұр	[bʊrʃaq ʒawip tur]

inundar (vt)	су басу	[su basu]
inundação (f)	сел жүру	[sel ʒʉru]

terremoto (m)	жер сілкіну	[ʒer silkinu]
abalo, tremor (m)	түрткі	[tʉrtki]
epicentro (m)	эпицентр	[ɛpitsentr]

erupção (f)	атылуы	[atilui]
lava (f)	лава	[lava]

turbilhão (m)	құйын	[qujin]
tornado (m)	торнадо	[tornado]
tufão (m)	тайфун	[tajfun]

furacão (m)	дауыл	[dawil]
tempestade (f)	дауыл	[dawil]
tsunami (m)	цунами	[tsunamı]

ciclone (m)	циклон	[tsıklon]
mau tempo (m)	бұлыңғыр	[bʊliŋɣir]
incêndio (m)	өрт	[ørt]
catástrofe (f)	апат	[apat]
meteorito (m)	метеорит	[meteorıt]
avalanche (f)	көшкін	[køʃkin]

deslizamento (m) de neve	опырылу	[opirilu]
nevasca (f)	боран	[boran]
tempestade (f) de neve	боран	[boran]

FAUNA

87. Mamíferos. Predadores

predador (m)	жыртқыш	[ʒirtqiʃ]
tigre (m)	жолбарыс	[ʒolbaris]
leão (m)	арыстан	[aristan]
lobo (m)	қасқыр	[qaskir]
raposa (f)	түлкі	[tʉlki]

jaguar (m)	ягуар	[jaguar]
leopardo (m)	леопард	[leopard]
chita (f)	гепард	[gepard]

pantera (f)	бабыр	[babir]
puma (m)	пума	[puma]
leopardo-das-neves (m)	ілбіс	[ilbis]
lince (m)	сілеусін	[sileusin]

coiote (m)	койот	[kojot]
chacal (m)	шиебөрі	[ʃiebøri]
hiena (f)	гиена	[gɪena]

88. Animais selvagens

animal (m)	айуан	[ajuan]
besta (f)	аң	[aŋ]

esquilo (m)	тиін	[tɪin]
ouriço (m)	кірпі	[kirpi]
lebre (f)	қоян	[qojan]
coelho (m)	үй қояны	[ʉj qojani]

texugo (m)	борсық	[borsiq]
guaxinim (m)	жанат	[ʒanat]
hamster (m)	алақоржын	[alaqorʒin]
marmota (f)	суыр	[suir]

toupeira (f)	кертышқан	[kørtiʃqan]
rato (m)	қаптесер	[qapteser]
ratazana (f)	егеуқұйрық	[egeuqujriq]
morcego (m)	жарғанат	[ʒarɣanat]

arminho (m)	аққіс	[aqis]
zibelina (f)	бұлғын	[bʉlɣin]
marta (f)	кәмшат	[kæmʃat]
doninha (f)	аққалақ	[aqqalaq]
vison (m)	норка	[norka]

| castor (m) | құндыз | [qʊndiz] |
| lontra (f) | қамшат | [qamʃat] |

cavalo (m)	ат	[at]
alce (m)	бұлан	[bʊlan]
veado (m)	бұғы	[bʊɣɨ]
camelo (m)	түйе	[tʉje]

bisão (m)	бизон	[bɪzon]
auroque (m)	зубр	[zubr]
búfalo (m)	буйвол	[bujvol]

zebra (f)	зебра	[zebra]
antílope (m)	антилопа	[antɪlopa]
corça (f)	елік	[elik]
gamo (m)	кербұғы	[kerbʊɣɨ]
camurça (f)	серна	[serna]
javali (m)	қабан	[qaban]

baleia (f)	кит	[kɪt]
foca (f)	итбалық	[ɪtbaliq]
morsa (f)	морж	[morʒ]
urso-marinho (m)	теңіз мысық	[teŋiz misiq]
golfinho (m)	дельфин	[delʲfɪn]

urso (m)	аю	[aju]
urso (m) branco	ақ аю	[aq aju]
panda (m)	панда	[panda]

macaco (em geral)	маймыл	[majmɨl]
chimpanzé (m)	шимпанзе	[ʃɪmpanze]
orangotango (m)	орангутанг	[orangutang]
gorila (m)	горилла	[gorɪlla]
macaco (m)	макака	[makaka]
gibão (m)	гиббон	[gɪbbon]

elefante (m)	піл	[pil]
rinoceronte (m)	мүйізтұмсық	[mʉjiztʊmsiq]
girafa (f)	керік	[kerik]
hipopótamo (m)	бегемот	[begemot]

| canguru (m) | кенгуру | [kenguru] |
| coala (m) | коала | [koala] |

mangusto (m)	мангуст	[mangust]
chinchila (m)	шиншилла	[ʃɪnʃɪlla]
doninha-fedorenta (f)	скунс	[skuns]
porco-espinho (m)	жайра	[ʒajra]

89. Animais domésticos

gata (f)	мысық	[misiq]
gato (m) macho	мысық	[misiq]
cão (m)	ит	[ɪt]

cavalo (m)	ат	[at]
garanhão (m)	айғыр	[ajɣir]
égua (f)	бие	[bie]

vaca (f)	сиыр	[siir]
touro (m)	бұқа	[buqa]
boi (m)	өгіз	[øgiz]

ovelha (f)	қой	[qoj]
carneiro (m)	қошқар	[qoʃqar]
cabra (f)	ешкі	[eʃki]
bode (m)	теке	[teke]

burro (m)	есек	[esek]
mula (f)	қашыр	[qaʃir]

porco (m)	шошқа	[ʃoʃqa]
leitão (m)	торай	[toraj]
coelho (m)	үй қояны	[ʉj qojani]

galinha (f)	тауық	[tawiq]
galo (m)	әтеш	[æteʃ]

pata (f)	үйрек	[ʉjrek]
pato (macho)	кежек	[keʒek]
ganso (m)	қаз	[qaz]

peru (m)	күркетауық	[kʉrqetawiq]
perua (f)	күркетауық	[kʉrqetawiq]

animais (m pl) domésticos	үй жануарлары	[ʉj ʒanuarlari]
domesticado	қол	[qol]
domesticar (vt)	қолға үйрету	[qolɣa ʉjretu]
criar (vt)	өсіру	[øsiru]

quinta (f)	ферма	[ferma]
aves (f pl) domésticas	үй құсы	[ʉj qusi]
gado (m)	мал	[mal]
rebanho (m), manada (f)	табын	[tabin]

estábulo (m)	ат қора	[at qora]
pocilga (f)	шошқа қора	[ʃoʃqa qora]
estábulo (m)	сиыр қора	[siir qora]
coelheira (f)	үй қояны күркесі	[ʉj qojani kʉrqesi]
galinheiro (m)	тауық қора	[tawiq qora]

90. Pássaros

pássaro (m), ave (f)	құс	[qus]
pombo (m)	көгершін	[køgerʃin]
pardal (m)	торғай	[torɣaj]
chapim-real (m)	сары шымшық	[sari ʃimʃiq]
pega-rabuda (f)	сауысқан	[sawisqan]
corvo (m)	құзғын	[quzɣin]

gralha (f) cinzenta	қарға	[qarɣa]
gralha-de-nuca-cinzenta (f)	шауқарға	[ʃauqarɣa]
gralha-calva (f)	ұзақ	[ʊzaq]

pato (m)	үйрек	[ʉjrek]
ganso (m)	қаз	[qaz]
faisão (m)	қырғауыл	[qïrɣawïl]

águia (f)	бүркіт	[bʉrkit]
açor (m)	қаршыға	[qarʃïɣa]
falcão (m)	қыран	[qïran]
abutre (m)	күшіген	[kʉʃigen]
condor (m)	кондор	[kondor]

cisne (m)	аққу	[aqqu]
grou (m)	тырна	[tïrna]
cegonha (f)	ләйлек	[læjlek]

papagaio (m)	тоты құс	[totï qus]
beija-flor (m)	колибри	[kolïbrï]
pavão (m)	тауыс	[tawïs]

avestruz (m)	түйеқұс	[tʉjequs]
garça (f)	аққұтан	[aqqutan]
flamingo (m)	қоқиқаз	[qoqïqaz]
pelicano (m)	бірқазан	[birqazan]

| rouxinol (m) | бұлбұл | [bʊlbʊl] |
| andorinha (f) | қарлығаш | [qarlïɣaʃ] |

tordo-zornal (m)	барылдақ торғай	[barïldaq torɣaj]
tordo-músico (m)	әнші шымшық	[ænʃi ʃïmʃïq]
melro-preto (m)	қара барылдақ торғай	[qara barïldaq torɣaj]

andorinhão (m)	стриж	[strïʒ]
cotovia (f)	бозторғай	[boztorɣaj]
codorna (f)	бөдене	[bødene]

cuco (m)	көкек	[køkek]
coruja (f)	жапалақ	[ʒapalaq]
corujão, bufo (m)	үкі	[ʉki]
tetraz-grande (m)	саңырау құр	[saɲïrau qʊr]

| tetraz-lira (m) | бұлдырық | [bʊldïrïq] |
| perdiz-cinzenta (f) | құр | [qʊr] |

estorninho (m)	қараторғай	[qaratorɣaj]
canário (m)	шымшық	[ʃïmʃïq]
galinha-do-mato (f)	қарабауыр	[qarabawïr]

| tentilhão (m) | қызыл | [qïzïl] |
| dom-fafe (m) | бозшымшық | [bozʃïmʃïq] |

gaivota (f)	шағала	[ʃaɣala]
albatroz (m)	альбатрос	[alʲbatros]
pinguim (m)	пингвин	[pïngvïn]

91. Peixes. Animais marinhos

brema (f)	ақтабан	[aqtaban]
carpa (f)	тұқы	[tuqɨ]
perca (f)	алабұға	[alabuɣa]
siluro (m)	жайын	[ʒajɨn]
lúcio (m)	шортан	[ʃortan]
salmão (m)	лосось	[lososʲ]
esturjão (m)	бекіре	[bekire]
arenque (m)	майшабақ	[majʃabaq]
salmão (m)	ақсерке	[aqserqe]
cavala, sarda (f)	скумбрия	[skumbrɨja]
solha (f)	камбала	[kambala]
lúcio perca (m)	Көксерке	[køkserke]
bacalhau (m)	треска	[treska]
atum (m)	тунец	[tunets]
truta (f)	бахтах	[bahtah]
enguia (f)	жыланбалық	[ʒɨlanbalɨq]
raia elétrica (f)	электр құламасы	[ɛlektr qulamasi]
moreia (f)	мурена	[murena]
piranha (f)	пиранья	[pɨranʲa]
tubarão (m)	акула	[akula]
golfinho (m)	дельфин	[delʲfɨn]
baleia (f)	кит	[kɨt]
caranguejo (m)	теңіз шаяны	[teŋiz ʃajanɨ]
medusa, alforreca (f)	медуза	[meduza]
polvo (m)	сегізаяқ	[segizajaq]
estrela-do-mar (f)	теңіз жұлдызы	[teŋiz ʒuldɨzɨ]
ouriço-do-mar (m)	теңіз кірпісі	[teŋiz kirpisi]
cavalo-marinho (m)	теңіздегі мысықтың баласы	[teŋizdegi mɨsɨqtɨŋ balasɨ]
ostra (f)	устрица	[ustrɨtsa]
camarão (m)	асшаян	[asʃajan]
lavagante (m)	омар	[omar]
lagosta (f)	лангуст	[langust]

92. Amfíbios. Répteis

serpente, cobra (f)	жылан	[ʒɨlan]
venenoso	улы	[ulɨ]
víbora (f)	улы сұр жылан	[ulɨ sur ʒɨlan]
cobra-capelo, naja (f)	әбжылан	[æbʒɨlan]
pitão (m)	питон	[pɨton]
jiboia (f)	айдаһар	[ajdahar]

cobra-de-água (f)	сужылан	[suʒilan]
cascavel (f)	ысылдағыш улы жылан	[isildaɣiʃ uli ʒilan]
anaconda (f)	анаконда	[anakonda]

lagarto (m)	кесіртке	[kesirtke]
iguana (f)	игуана	[ɪguana]
varano (m)	келес	[keles]
salamandra (f)	саламандра	[salamandra]
camaleão (m)	хамелеон	[hameleon]
escorpião (m)	құршаян	[qurʃajan]

tartaruga (f)	тасбақа	[tasbaqa]
rã (f)	бақа	[baqa]
sapo (m)	құрбақа	[qurbaqa]
crocodilo (m)	қолтырауын	[qoltirawin]

93. Insetos

inseto (m)	бунақдене	[bunaqdene]
borboleta (f)	көбелек	[købelek]
formiga (f)	құмырсқа	[qumirsqa]
mosca (f)	шыбын	[ʃibin]
mosquito (m)	маса	[masa]
escaravelho (m)	қоңыз	[qoŋiz]

vespa (f)	ара	[ara]
abelha (f)	балара	[balara]
mamangava (f)	ара	[ara]
moscardo (m)	бөгелек	[bøgelek]

aranha (f)	өрмекші	[ørmekʃi]
teia (f) de aranha	өрмекшінің торы	[ørmekʃiniŋ tori]

libélula (f)	инелік	[ɪnelik]
gafanhoto-do-campo (m)	шегіртке	[ʃægirtke]
traça (f)	көбелек	[købelek]

barata (f)	тарақан	[taraqan]
carraça (f)	кене	[kene]
pulga (f)	бүрге	[burge]
borrachudo (m)	шіркей	[ʃirkej]

gafanhoto (m)	шегіртке	[ʃægirtke]
caracol (m)	ұлу	[ulu]
grilo (m)	шырылдауық	[ʃirildawiq]
pirilampo (m)	жылтырауық	[ʒiltirawiq]

joaninha (f)	қызыл қоңыз	[qizil qoŋiz]
besouro (m)	зауза қоңыз	[zauza qoŋiz]

sanguessuga (f)	сүлік	[sulik]
lagarta (f)	қырықбуын	[qiriqbuin]
minhoca (f)	құрт	[qurt]
larva (f)	құрт	[qurt]

FLORA

94. Árvores

árvore (f)	ағаш	[aɣaʃ]
decídua	жапырақты	[ʒapiraqti]
conífera	қылқанды	[qïlqandï]
perene	мәңгі жасыл	[mæŋgi ʒasïl]

macieira (f)	алма ағашы	[alma aɣaʃi]
pereira (f)	алмұрт	[almʊrt]
cerejeira (f)	қызыл шие ағашы	[qïzïl ʃie aɣaʃi]
ginjeira (f)	кәдімгі шие ағашы	[kædimgi ʃie aɣaʃi]
ameixeira (f)	қара өрік	[qara ørik]

bétula (f)	қайың	[qajïŋ]
carvalho (m)	емен	[emen]
tília (f)	жөке	[ʒøke]
choupo-tremedor (m)	көктерек	[køkterek]
bordo (m)	үйеңкі	[ʉjeŋki]
espruce-europeu (m)	шырша	[ʃïrʃa]
pinheiro (m)	қарағай	[qaraɣaj]
alerce, lariço (m)	бал қарағай	[bal qaraɣaj]
abeto (m)	самырсын	[samïrsïn]
cedro (m)	балқарағай	[balqaraɣaj]

choupo, álamo (m)	терек	[terek]
tramazeira (f)	шетен	[ʃæten]
salgueiro (m)	үйеңкі	[ʉjeŋki]
amieiro (m)	қандағаш	[qandaɣaʃ]
faia (f)	шамшат	[ʃamʃat]
ulmeiro (m)	шегіршін	[ʃægirʃin]
freixo (m)	шетен	[ʃæten]
castanheiro (m)	талшын	[talʃin]

magnólia (f)	магнолия	[magnolïja]
palmeira (f)	пальма	[palʲma]
cipreste (m)	сауырағаш	[sawïraɣaʃ]

mangue (m)	мангр ағашы	[mangr aɣaʃi]
embondeiro, baobá (m)	баобаб	[baobab]
eucalipto (m)	эвкалипт	[ɛvkalïpt]
sequoia (f)	секвойя	[sekvoja]

95. Arbustos

arbusto (m)	бұта	[bʊta]
arbusto (m), moita (f)	бұта	[bʊta]

| videira (f) | жүзім | [ʒʉzim] |
| vinhedo (m) | жүзім егісі | [ʒʉzim egisi] |

framboeseira (f)	таңқурай	[taŋquraj]
groselheira-vermelha (f)	қызыл қарақат	[qizɨl qaraqat]
groselheira (f) espinhosa	түшала	[tuʃala]

acácia (f)	қараған	[qaraɣan]
bérberis (f)	зерек	[zerek]
jasmim (m)	ақгүл	[aqgʉl]

junípero (m)	арша	[arʃa]
roseira (f)	қызғылт бұта	[qizɣɨlt bʊta]
roseira (f) brava	итмұрын	[ɪtmʊrin]

96. Frutos. Bagas

fruta (f)	жеміс	[ʒemis]
frutas (f pl)	жемістер	[ʒemister]
maçã (f)	алма	[alma]
pera (f)	алмұрт	[almʊrt]
ameixa (f)	қара өрік	[qara ørik]

morango (m)	бүлдірген	[bʉldirgen]
ginja (f)	кәдімгі шие	[kædɪmgɪ ʃie]
cereja (f)	қызыл шие	[qizɨl ʃie]
uva (f)	жүзім	[ʒʉzim]

framboesa (f)	таңқурай	[taŋquraj]
groselha (f) preta	қарақат	[qaraqat]
groselha (f) vermelha	қызыл қарақат	[qizɨl qaraqat]

| groselha (f) espinhosa | түшала | [tuʃala] |
| oxicoco (m) | мүк жидегі | [mʉk ʒɨdegi] |

laranja (f)	апельсин	[apelʲsɨn]
tangerina (f)	мандарин	[mandarɨn]
ananás (m)	ананас	[ananas]

| banana (f) | банан | [banan] |
| tâmara (f) | құрма | [qʊrma] |

limão (m)	лимон	[lɪmon]
damasco (m)	өрік	[ørik]
pêssego (m)	шабдалы	[ʃabdalɨ]

| kiwi (m) | киви | [kɪvɪ] |
| toranja (f) | грейпфрут | [grejpfrut] |

baga (f)	жидек	[ʒɨdek]
bagas (f pl)	жидектер	[ʒɨdekter]
arando (m) vermelho	итбүлдірген	[ɪtbʉldirgen]
morango-silvestre (m)	қой бүлдірген	[qoj bʉldirgen]
mirtilo (m)	қара жидек	[qara ʒɨdek]

97. Flores. Plantas

flor (f)	гүл	[gʉl]
ramo (m) de flores	гүл шоғы	[gʉl ʃoɣɨ]
rosa (f)	раушан	[rauʃan]
tulipa (f)	қызғалдақ	[qizɣaldaq]
cravo (m)	қалампыр	[qalampɨr]
gladíolo (m)	гладиолус	[gladɪolus]
centáurea (f)	гүлкекіре	[gʉlkekire]
campânula (f)	қоңырау	[qoɳɨrau]
dente-de-leão (m)	бақбақ	[baqbaq]
camomila (f)	түйметағы	[tʉjmetaɣɨ]
aloé (m)	алоэ	[aloɛ]
cato (m)	кактус	[kaktus]
fícus (m)	фикус	[fɪkus]
lírio (m)	лалагүл	[lalagʉl]
gerânio (m)	герань	[geranʲ]
jacinto (m)	сүмбілгүл	[sʉmbilgʉl]
mimosa (f)	мимоза	[mɪmoza]
narciso (m)	нарцисс	[nartsɨss]
capuchinha (f)	настурция	[nasturtsɪja]
orquídea (f)	орхидея	[orhɪdeja]
peónia (f)	пион	[pɪon]
violeta (f)	шегіргүл	[ʃægirgʉl]
amor-perfeito (m)	сарғалдақтар	[sarɣaldaqtar]
não-me-esqueças (m)	ботакөз	[botakøz]
margarida (f)	әсел	[æsel]
papoula (f)	көкнәр	[køknær]
cânhamo (m)	сора	[sora]
hortelã (f)	жалбыз	[ʒalbɨz]
lírio-do-vale (m)	меруертгүл	[meruertgʉl]
campânula-branca (f)	бәйшешек	[bæjʃeʃek]
urtiga (f)	қалақай	[qalaqaj]
azeda (f)	қымыздық	[qɨmɨzdɨq]
nenúfar (m)	құмыра гүл	[qumɨra gʉl]
feto (m), samambaia (f)	қырыққұлақ	[qɨrɨqqʉlaq]
líquen (m)	қына	[qɨna]
estufa (f)	жылыжай	[ʒɨlɨʒaj]
relvado (m)	көгал	[køgal]
canteiro (m) de flores	гүлбағы	[gʉlbaɣɨ]
planta (f)	өсімдік	[øsimdik]
erva (f)	шөп	[ʃøp]
folha (f) de erva	бір тал шөп	[bir tal ʃøp]

folha (f)	жапырақ	[ʒapiraq]
pétala (f)	күлте	[kҷlte]
talo (m)	сабақ	[sabaq]
tubérculo (m)	түйнек	[tҷjnek]
broto, rebento (m)	өскін	[øskin]
espinho (m)	тікенек	[tikenek]
florescer (vi)	гүлдеу	[gҷldeu]
murchar (vi)	сарғаю	[sarɣaju]
cheiro (m)	иіс	[ɪis]
cortar (flores)	кесу	[kesu]
colher (uma flor)	үзу	[ҷzu]

98. Cereais, grãos

grão (m)	дән	[dæn]
cereais (plantas)	астық дақыл өсімдіктері	[astiq daqil øsimdikteri]
espiga (f)	масақ	[masaq]
trigo (m)	бидай	[bɪdaj]
centeio (m)	қара бидай	[qara bɪdaj]
aveia (f)	сұлы	[sѹlɪ]
milho-miúdo (m)	тары	[tarɪ]
cevada (f)	арпа	[arpa]
milho (m)	жүгері	[ʒҷgeri]
arroz (m)	күріш	[kҷriʃ]
trigo-sarraceno (m)	қарақұмық	[qaraqѹmiq]
ervilha (f)	бұршақ	[bѹrʃaq]
feijão (m)	бұршақ	[bѹrʃaq]
soja (f)	соя	[soja]
lentilha (f)	жасымық	[ʒasimiq]
fava (f)	ірі бұршақтар	[iri bѹrʃaqtar]

PAÍSES DO MUNDO

99. Países. Parte 1

Afeganistão (m)	Ауғаныстан	[auɣanistan]
África do Sul (f)	ОАР	[oar]
Albânia (f)	Албания	[albanıja]
Alemanha (f)	Германия	[germanıja]
Arábia (f) Saudita	Сауди Арабстан	[saudı arabstan]
Argentina (f)	Аргентина	[argentına]
Arménia (f)	Әрменстан	[ærmenstan]
Austrália (f)	Австралия	[avstralıja]
Áustria (f)	Австрия	[avstrıja]
Azerbaijão (m)	Әзірбайжан	[æzirbajʒan]
Bahamas (f pl)	Багам аралдары	[bagam araldari]
Bangladesh (m)	Бангладеш	[bangladeʃ]
Bélgica (f)	Бельгия	[belʲgıja]
Bielorrússia (f)	Беларусь	[belarusʲ]
Bolívia (f)	Боливия	[bolıvıja]
Bósnia e Herzegovina (f)	Босния мен Герцеговина	[bosnıja men gertsegovına]
Brasil (m)	Бразилия	[brazılıja]
Bulgária (f)	Болгария	[bolgarıja]
Camboja (f)	Камбоджа	[kambodʒa]
Canadá (m)	Канада	[kanada]
Cazaquistão (m)	Қазақстан	[qazaqhstan]
Chile (m)	Чили	[tʃılı]
China (f)	Қытай	[qıtaj]
Chipre (m)	Кипр	[kıpr]
Colômbia (f)	Колумбия	[kolumbıja]
Coreia do Norte (f)	Солтүстік Корея	[soltustik koreja]
Coreia do Sul (f)	Оңтүстік Корея	[oɳtustik koreja]
Croácia (f)	Хорватия	[horvatıja]
Cuba (f)	Куба	[kuba]
Dinamarca (f)	Дания	[danıja]
Egito (m)	Мысыр	[misir]
Emirados Árabes Unidos	Біріккен Араб Эмираттары	[biriken arab ɛmıratari]
Equador (m)	Эквадор	[ɛkvador]
Escócia (f)	Шотландия	[ʃotlandıja]
Eslováquia (f)	Словакия	[slovakıja]
Eslovénia (f)	Словения	[slovenıja]
Espanha (f)	Испания	[ıspanıja]
Estados Unidos da América	Америка құрама штаттары	[amerıka qurama ʃtattari]
Estónia (f)	Эстония	[ɛstonıja]

| Finlândia (f) | Финляндия | [fɪnljandɪja] |
| França (f) | Франция | [frantsɪja] |

100. Países. Parte 2

Gana (f)	Гана	[gana]
Geórgia (f)	Гүржістан	[gʉrʒistan]
Grã-Bretanha (f)	Ұлыбритания	[ʊlibrɪtanija]
Grécia (f)	Грекия	[grekɪja]
Haiti (m)	Гаити	[gaɪtɪ]
Hungria (f)	Мажарстан	[maʒarstan]
Índia (f)	Үндістан	[ʉndistan]

Indonésia (f)	Индонезия	[ɪndonezɪja]
Inglaterra (f)	Англия	[anglɪja]
Irão (m)	Иран	[ɪran]
Iraque (m)	Ирак	[ɪrak]
Irlanda (f)	Ирландия	[ɪrlandɪja]
Islândia (f)	Исландия	[ɪslandɪja]
Israel (m)	Израиль	[ɪzraɪlʲ]

Itália (f)	Италия	[ɪtalɪja]
Jamaica (f)	Ямайка	[jamajka]
Japão (m)	Жапония	[ʒaponɪja]
Jordânia (f)	Иордания	[ɪordanɪja]
Kuwait (m)	Кувейт	[kuvejt]

| Laos (m) | Лаос | [laos] |
| Letónia (f) | Латвия | [latvɪja] |

Líbano (m)	Ливан	[lɪvan]
Líbia (f)	Ливия	[lɪvɪja]
Liechtenstein (m)	Лихтенштейн	[lɪhtenʃtejn]
Lituânia (f)	Литва	[lɪtva]
Luxemburgo (m)	Люксембург	[ljuksemburg]

| Macedónia (f) | Македония | [makedonɪja] |
| Madagáscar (m) | Мадагаскар | [madagaskar] |

Malásia (f)	Малайзия	[malajzɪja]
Malta (f)	Мальта	[malʲta]
Marrocos	Марокко	[marokko]
México (m)	Мексика	[meksɪka]
Myanmar (m), Birmânia (f)	Мьянма	[mʲanma]

| Moldávia (f) | Молдова | [moldova] |
| Mónaco (m) | Монако | [monako] |

Mongólia (f)	Монғолия	[monɣolɪja]
Montenegro (m)	Черногория	[ʧernogorɪja]
Namíbia (f)	Намибия	[namɪbɪja]
Nepal (m)	Непал	[nepal]
Noruega (f)	Норвегия	[norvegɪja]
Nova Zelândia (f)	Жаңа Зеландия	[ʒaŋa zelandɪja]

101. Países. Parte 3

Países (m pl) Baixos	Нидерланд	[nɪderland]
Palestina (f)	Палестина	[palestɪna]
Panamá (m)	Панама	[panama]
Paquistão (m)	Пәкістан	[pækistan]
Paraguai (m)	Парагвай	[paragvaj]
Peru (m)	Перу	[peru]
Polinésia Francesa (f)	Франция Полинезиясы	[frantsɪja polɪnezɪjasɪ]

Polónia (f)	Польша	[polʲʃa]
Portugal (m)	Португалия	[portugalɪja]
Quénia (f)	Кения	[kenɪja]
Quirguistão (m)	Қырғызстан	[qirɣizstan]
República (f) Checa	Чехия	[tʃehɪja]
República (f) Dominicana	Доминикан республикасы	[domɪnɪkan respublɪkasi]
Roménia (f)	Румыния	[rumɪnɪja]

Rússia (f)	Ресей	[resej]
Senegal (m)	Сенегал	[senegal]
Sérvia (f)	Сербия	[serbɪja]
Síria (f)	Сирия	[sɪrɪja]
Suécia (f)	Швеция	[ʃvetsɪja]
Suíça (f)	Швейцария	[ʃvejtsarɪja]
Suriname (m)	Суринам	[surɪnam]

Tailândia (f)	Таиланд	[taɪland]
Taiwan (m)	Тайвань	[tajvanʲ]
Tajiquistão (m)	Тәжікстан	[tæʒikistan]
Tanzânia (f)	Танзания	[tanzanɪja]
Tasmânia (f)	Тасмания	[tasmanɪja]
Tunísia (f)	Тунис	[tunɪs]
Turquemenistão (m)	Түрікменстан	[turikmenstan]

Turquia (f)	Түркия	[turkɪja]
Ucrânia (f)	Украина	[ukraɪna]
Uruguai (m)	Уругвай	[urugvaj]
Uzbequistão (f)	Өзбекистан	[øzbekɪstan]
Vaticano (m)	Ватикан	[vatɪkan]
Venezuela (f)	Венесуэла	[venesuɛla]
Vietname (m)	Вьетнам	[vʲetnam]
Zanzibar (m)	Занзибар	[zanzɪbar]